TA GUEULE, MAMAN
*est le quatre cent cinquante-deuxième livre
publié par Les éditions JCL inc.*

Catalogage avant publication de Bibliothèque et Archives nationales du Québec et Bibliothèque et Archives Canada

Potvin, Chantale, 1969-

Ta gueule, maman

(Collection Roman-vérité)

ISBN 978-2-89431-452-4

I. Titre. II. Collection: Collection Roman-vérité.

PS8631.O775T3 2011   C843'.6   C2011-940439-7
PS9631.O775T3 2011

© **Les éditions JCL inc., 2011**
Édition originale: mars 2011

TA GUEULE, MAMAN

collection
Roman-vérité

DE LA MÊME AUTEURE:

Le Pensionnaire, roman, Éditions JCL, 2010, 188 p.

Les éditions JCL inc.
930, rue Jacques-Cartier Est, Chicoutimi (Québec) G7H 7K9
Tél.: (418) 696-0536 – Téléc.: (418) 696-3132 – www.jcl.qc.ca
ISBN 978-2-89431-452-4

CHANTALE POTVIN

TA GUEULE, MAMAN

LES ÉDITIONS JCL

Nous reconnaissons l'aide financière du gouvernement du Canada par l'entremise du Fonds du livre du Canada pour nos activités d'édition. Nous bénéficions également du soutien de la SODEC et, enfin, nous tenons à remercier le Conseil des Arts du Canada pour l'aide accordée à notre programme de publication.

Gouvernement du Québec – Programme de crédit d'impôt pour l'édition de livres – Gestion SODEC

À mes deux enfants, Karianne et Maxime.

NOTE DE L'ÉDITEUR

Ce roman est inspiré de faits vécus.
Toutefois, pour protéger l'identité de personnes réelles, les noms ont été changés.

Avant-propos

L'amour d'une mère est plus fort que tout. J'ai beau m'évertuer à chercher dans la liste des sentiments puissants, rien ne bat cela. Les guerres, la haine, la colère, la passion, l'amour entre un homme et une femme, tous ces sentiments, bons ou mauvais, finissent par diminuer, par s'éteindre, par disparaître. Or l'amour qu'une mère ressent pour l'enfant qu'elle a porté est si fort qu'elle est prête à mourir pour lui. Toutes celles qui ont enfanté vont comprendre le sens de ce livre au terme duquel, malgré la douleur omniprésente, l'amour maternel triomphe.

Après l'enfance s'enclenche une période stressante et épuisante pour les parents, l'adolescence. Et si, par malheur, cette période trouble se déroule dans le milieu de la drogue, les anges de l'enfer s'installent confortablement pour quelques années, parfois même jusqu'à la mort de la personne aux prises avec cette dépendance. Ces mauvais anges sont si puissants qu'ils semblent indestructibles. Ils ravagent tout, ils sont cruels et insensibles aux supplications et aux larmes versées pour que l'être cher cesse de se détruire, pour qu'il retrouve un tant soit peu son identité, sa personnalité et son corps.

L'expression *enfant-roi* est omniprésente dans la société. «Tu lui en as trop donné, dit-on autour de toi. C'est pour ça qu'il est ainsi.» Ou: «C'est normal, elle n'a même pas eu la chance de se casser la gueule, de souffrir un peu. Tu lui donnais tout cuit dans le bec!» Les commentaires, les explications et les jugements affluent, mais pas au même rythme que l'aide, lorsque le fléau de la drogue s'infiltre dans les chaumières. La drogue brise les vies, les émotions, les relations. Elle dévaste tout sur son passage.

Si j'avais à comparer le changement drastique qui s'opère chez une personne qui se drogue avec une catastrophe naturelle, je ne pourrais trouver mieux qu'un tsunami. Ce phénomène prend sa source dans une onde de choc causée par un séisme, un glissement de terrain ou une éruption volcanique sous-marine. Cette onde peut engendrer des vagues de trente mètres de haut qui roulent vers les côtes à des vitesses apocalyptiques pouvant atteindre huit cents kilomètres à l'heure. Souvent, et c'est ce qui est terrible, les vagues géantes, tout comme les effets de la drogue, sont imperceptibles de loin. De toute façon, les dégâts provoqués sont énormes et les morts, incalculables.

Certains pourraient éprouver de la difficulté à concevoir ou à croire qu'un adolescent, qui a été un enfant gentil et adorable, puisse se transformer graduellement en un monstre, passant ainsi d'un extrême à l'autre. C'est pourtant presque toujours ce qui survient quand un jeune se met à consommer. Je m'exprime en toute connaissance de cause, ayant enseigné à plus de deux mille adolescents. J'ai vu les yeux rougis des élèves démotivés. J'ai déploré des suicides. Que de lourdeur macabre dans une classe quand un pupitre est déserté ainsi jusqu'à la fin de l'année!

Et que dire de trois bureaux vacants? Ce fut le cas une certaine année scolaire, alors que cinq jeunes filles avaient conclu un pacte de suicide par pendaison. Trois sont parvenues à leurs fins. Sans doute ne faut-il pas expliquer tous les suicides des jeunes par la drogue, mais, dans ces trois cas-ci, je me demande comment se serait terminée l'histoire si la consommation n'avait pas été dans le décor. Les diagnostics post mortem établis après les faits sont éloquents : la raison première des suicides chez les jeunes est l'abus de substances. Celui-ci vient bien avant la dépression et les troubles de la personnalité.

Plusieurs jeunes aux prises avec un problème de consommation quittent l'école, et ce n'est là qu'un des symptômes d'une existence perturbée. Car, les statistiques et les témoignages le crient : quand la drogue entre dans une vie, plus rien ne va.

Parfois, des parents trop confiants dans l'éducation qu'ils assurent à leur progéniture affirment que leur enfant n'y touchera jamais. «Je l'ai tellement sensibilisé, c'est certain qu'il aura peur des drogues le reste de ses jours», clame-t-on. D'autres, plus sages, ne se prononcent pas ou estiment plus subtilement que les drogués réagissent à leur enfance tordue. Ils pointent les parents du doigt.

Y a-t-il une réponse, une recette, un guide? Y a-t-il un conseil à prodiguer pour aider les parents et les éducateurs à prévenir et à éviter ces années de torture? Pourquoi plusieurs jeunes se lancent-ils dans la drogue à corps perdu? Pourquoi celui-ci consomme-t-il, alors que cet autre ne tombe pas dans le piège? Il peut parfois y avoir plus d'un consommateur dans une famille et nous les regardons dépérir. Ils servent d'exemples pour apeurer les autres et les mettre en garde. Leur histoire ressemble à celle d'une cousine, d'un frère, d'un voisin… C'est l'histoire de celui ou de celle qui n'a pas su apprécier la vie.

Pour m'en tenir à des faits le plus proches possible de la réalité, avant de rédiger ce roman-vérité, j'ai rencontré une trentaine de parents dont un des enfants avait consommé. J'ai longuement discuté avec eux. Dans la plupart des cas, la drogue avait conduit l'enfant à la mort. J'ai aussi relu des articles de revues spécialisées et je me suis remémoré des cas de jeunes à qui j'avais enseigné. Des mères et des pères désabusés, désenchantés, m'ont généreusement confié leurs angoisses, des anecdotes atroces, des sentiments innommables. J'ai entendu des histoires d'horreur, j'ai vu des larmes couler et supporté de lourds silences pendant les entrevues. Je considère cet écrit audacieux comme un ouvrage succinct sur l'impuissance des parents à négocier avec les attitudes décourageantes de leur enfant dépendant. Certaines des personnes interviewées en avaient élevé plusieurs dont deux s'étaient droguées.

Il faut insister, c'est chaque fois la même chose; les anecdotes diffèrent, mais tout revient à un fait: la drogue détruit le quotidien du consommateur, mais aussi celui de tous ceux qui l'entourent. C'est ainsi partout dans le monde. Le fléau est répandu sur toute la surface de la planète.

Dans ce livre, je raconterai l'histoire d'une mère et de sa fille, deux personnages ficelés, créés et tricotés avec la laine des souffrances qui m'ont été racontées. Mais cela pourrait être l'histoire de millions de personnes qui consomment sur la Terre.

Grâce à ce bouquin rempli de témoignages et de cris du cœur, grâce aux personnages de ces deux femmes constamment en guerre, je souhaite appliquer un baume, un pansement sur les cœurs et signifier aux parents concernés qu'ils ne sont pas seuls, étant acquis que toutes les histoires se ressemblent. À tous ceux qui ont pensé ou qui ont dit: «Je n'aurais jamais cru

que cet enfant deviendrait aussi monstrueux»,
je dédie cet écrit.

La fille aux prises avec la drogue, je l'ai
appelée Vivianne. C'est le prénom de ma mère,
pour qui j'éprouve une grande tendresse. Je
l'ai baptisée ainsi pour ne pas la haïr.

J'aimerais conclure cet avant-propos par
une affirmation importante, une assertion qui
me semble essentielle à la compréhension du
drame. Vivianne devient détestable. D'enfant
brillante, aimable et heureuse, elle se mue en
un être rempli d'indifférence et de cruauté. Il
faut comprendre qu'elle n'est plus, qu'elle est
enfermée dans les vapeurs de la drogue qui
l'empêchent d'être et de faire briller ce qu'elle
a de plus beau.

Bonne lecture!

Je vous avouerai ce fait désolant : si mon fils, devenu adulte, avait été seulement 5 % de ce qu'il était enfant, j'aurais pu affirmer qu'il était encore humain, car c'était un garçon immensément adorable.

J. T., une mère

Chapitre 1

Lorsque notre enfant est ébloui par les premières lueurs de l'existence, dès la seconde où il entrouvre ses yeux, une inquiétude plus ou moins tangible s'installe en nous de façon définitive. C'est un amour inconditionnel, presque malsain, qui nous assaille, qui nous agresse sans qu'on puisse rien contre lui, comme un félin affamé qui sauterait sur une faible proie pour la déchiqueter. Cet amour maternel, somme toute, il fait mal. Et il ne nous quittera plus jamais, même lorsque notre enfant aura laissé depuis longtemps l'enfance derrière lui et qu'il se sera engagé dans l'âge adulte. Il demeure toujours notre enfant et nous souhaitons tout ce qu'il y a de mieux pour lui. Certains parents sont même prêts à sacrifier leur propre vie pour leur progéniture.

Après que j'eus accouché de Vivianne, ma conception de la vie n'a plus jamais été la même. L'inquiétude qui est née dans mon âme en même temps que ma fille voyait le jour ne m'a plus laissée tranquille. Quand elle s'endormait paisiblement, je respirais mieux; mon âme avait un peu de répit. Or, dès son réveil, la crainte très subtile de la perdre surgissait à nouveau. Cette inquiétude devenait plus forte quand Vivianne partait jouer dehors ou mangeait un truc qui pouvait l'étouffer. Avec plus ou moins d'insistance, l'idée qu'il pouvait lui arriver malheur passait dans mon esprit chaque jour.

Cette angoisse omniprésente, floue et silencieuse, qui se transforme parfois en anxiété puérile, ne peut être réellement comprise que par les mères, celles qui ont porté, celles qui ont aimé et surtout désiré leur bébé. Certaines en deviennent stupides tellement elles surprotègent leurs enfants. Mon père me conseillait souvent de ne pas m'en faire; que, de toute façon, rien ne changerait avec le temps.

— Dors, ma fille, tu te tracasses trop, me disait-il calmement en trempant son pain dans la mélasse noire ou en noyant un biscuit sec dans son thé. Dors paisiblement, la tête bien enfoncée dans ton oreiller. Rien ne sert de te ronger les sangs. Même si tu te tues à t'inquiéter, tu ne changeras rien au cours des choses.

Quand je me retrouvais seule avec Vivianne, alors qu'elle était enfant, la jolie fillette me couvait de ce regard captivé qui a brillé pendant tant de lunes et qui s'allumait quand je lui parlais. Elle avait tant d'admiration pour moi! J'étais sa star sur un piédestal. Elle buvait mes paroles. Un sourire collé sur les lèvres, elle formulait mille questions et s'émerveillait devant tout ce que je lui racontais de mes expériences et de mes souvenirs. Même les choses les plus anodines l'intéressaient. Pendant ses dix premières années de vie, nous avons développé une relation vraiment unique, magique. Toute ma famille adorait cette enfant.

Les gens qui nous voyaient ensemble trahissaient par leur attitude comme une curieuse jalousie, un doute même, devant la relation idéale que j'avais développée avec Vivianne. Certains m'accusaient de me comporter dès que nous étions en public comme dans une comédie où j'incarnais le rôle de la maman parfaite. Faux! À la maison, quand nous étions seules, elle et moi, nous nous démontrions notre amour avec plus de force encore. Ce qu'on s'aimait, ma princesse et moi! Après ma rupture avec son père, j'ai même choisi de ne pas avoir d'autre homme dans ma vie pour me consacrer entièrement à elle et ne me préoccuper que de son éducation.

Peu importait l'heure, le lieu ou le moment, je lui racontais les récits les plus abracadabrants, les anecdotes les plus riches. Tout en les mimant, je faisais vivre pour elle les personnages les plus tordus, les plus sombres ou les plus brillants.

Je lui racontais comment s'étaient déroulées les premières chirurgies. Je lui présentais Alexander Graham Bell, Benjamin Franklin, Einstein, Molière et Thomas Edison. Je lui disais tout ce que je savais sur les Autochtones et sur d'autres nations. Je lui présentais les grands maîtres de la musique et lui lisais les plus sublimes poèmes comme *Je t'aime* de Paul Éluard. Elle le récitait par cœur. C'était si beau d'entendre sa voix.

Je t'aime pour toutes les femmes que je n'ai pas connues
Je t'aime pour tous les temps où je n'ai pas vécu
Pour l'odeur du grand large et l'odeur du pain chaud
Pour la neige qui fond pour les premières fleurs
Pour les animaux purs que l'homme n'effraie pas
Je t'aime pour aimer
Je t'aime pour toutes les femmes que je n'aime pas

Qui me reflète sinon toi-même je me vois si peu
Sans toi je ne vois rien qu'une étendue déserte
Entre autrefois et aujourd'hui
Il y a eu toutes ces morts que j'ai franchies sur
de la paille
Je n'ai pas pu percer le mur de mon miroir
Il m'a fallu apprendre mot par mot la vie
Comme on oublie
Je t'aime pour ta sagesse qui n'est pas la
mienne
Pour la santé
Je t'aime contre tout ce qui n'est qu'illusion
Pour ce cœur immortel que je ne détiens pas
Tu crois être le doute et tu n'es que raison
Tu es le grand soleil qui me monte à la tête
Quand je suis sûr de moi.

— « Tu es le grand soleil qui me monte à la tête. » Il veut dire quoi, le poète? me questionnait-elle.

— Je pense qu'il veut dire que c'est la lumière de l'amour qui l'éclaire.

— Et « Sans toi je ne vois rien qu'une étendue déserte entre autrefois et aujourd'hui », c'est quoi?

— Cela signifie qu'avant de connaître la femme, sa vie était vide. Elle était comme un désert où il n'y a que des étendues de sable.

Ce petit génie me permettait de plonger au-delà de mes connaissances, de scruter mon savoir et de parfaire ma culture dans bien des domaines. Je voulais l'enrichir, la rendre sublime, la remplir de beautés, la déifier. Je voulais faire d'elle une grande dame, une personne inoubliable, un être irremplaçable en raison de sa culture immense, de sa bonhomie et de sa curiosité toujours croissante.

Vivianne possédait une mémoire photographique phénoménale. Si j'égarais un truc, il suffisait que j'en fasse mention; elle se rappelait toujours où il était. Les coupe-ongles, les bouts de papier minuscules sur lesquels étaient inscrits des numéros de téléphone, les télécommandes... Vivianne – de Padoue! – retrouvait l'objet perdu pour peu que son regard ait eu l'occasion de le croiser. Elle m'étonnait chaque fois.

Aux repas, elle goûtait à presque tout sans rechigner, même si le mets incluait des oignons ou des piments, des aliments qui répugnent habituellement aux enfants. Je lui faisais découvrir mille épices. Je la forçai, en lui tenant les mains comme un gentil bourreau, à ingurgiter une huître crue. Elle en dévora une douzaine par la suite. Dès qu'elle avait su marcher, je lui avais permis de toucher à ce qui la tentait, et ce, même si je prenais le risque qu'elle casse certains bibelots colorés qui l'attiraient comme un gâteau mielleux à la crème fouettée attire une mouche.

Pour développer tous ses sens, elle devait selon moi explorer, toucher et comprendre. Comme si elle avait été en formation pour apprendre la vie, je la laissais faire, je lui permettais d'évoluer dans son environnement comme elle le souhaitait.

J'ai économisé le plus de dollars possible pour voyager avec elle. C'était merveille d'être témoin de son extase devant les paysages qu'elle découvrait à travers les hublots des avions, quand nous décollions de quelque endroit du monde ou que nous y atterrissions.

Certains soirs d'hiver, pour égayer les heures de repas assombries par les longues nuits, nous cuisinions des mets du pays du soleil levant, affublées de tenues traditionnelles japonaises. D'autres soirs, sur des airs endiablés de musique mexicaine, avec des sombreros géants tout empoussiérés enfoncés sur la tête, nous dégustions des fajitas avec du guacamole verdi qui dégoulinait de chaque côté des tortillas, qui coulait ensuite aux commissures de nos lèvres riantes avant de tomber sur nos doigts. Je lui apprenais des mots d'espagnol, de russe, d'allemand, d'anglais. Elle les répétait avec une ténacité remarquable jusqu'à ce que je lui décerne la note de la perfection.

Pour lui lire le sadique conte *Hansel et Gretel*, j'avais fabriqué un lugubre chapeau noir et exagérément pointu avec du sang et des bouts d'oreille collés dessus. Vivianne, en pyjama, le regard médusé – je me demande même si elle a cligné les yeux une seule fois pendant la lecture du conte –, était terrorisée et tout à fait tétanisée par ce qui allait arriver à ces pauvres enfants abandonnés dans la forêt par leurs parents. Je campais le rôle de la méchante sorcière et illustrais la tragédie avec l'accent d'une vieille Allemande anthropophage et absolument odieuse. Sans doute lui avais-je légué mes talents de comédienne, car elle excellait aussi quand elle racontait la même histoire à ses cousins, affublée de mon chapeau de sorcière bien trop large pour elle.

Le conte *Le Vilain Petit Canard* l'a vraiment marquée. Elle m'a tant questionnée sur le sort tragique de cet oiseau né laid et noir! Elle n'en est jamais revenue, de l'injustice subie par le canard. Pendant la lecture de ce conte, elle questionnait et commentait tant que c'en était épuisant.

— Quand les canetons de la maman canard sont sortis de leur œuf, le vilain petit canard ne ressemblait pas du tout à ses frères et sœurs, lui résumais-je avec l'intonation d'une conteuse professionnelle, pendant qu'elle était transie d'intérêt, le cœur gonflé de tristesse et la larme à l'œil. Comme il était noir et laid, il a été obligé de quitter sa famille et il a dû partir très loin pour ne plus subir leurs méchantes moqueries et leurs coups. Et un jour le vilain petit canard, qui avait été délaissé par ses parents et par tous ceux qu'il rencontrait parce qu'il était trop laid, est devenu un majestueux cygne. À présent, tout le monde l'aimait.

— Maman, pourquoi tous les parents aban-donnent leurs enfants, dans tes histoires? C'est vraiment méchant, je trouve! Et pourquoi il faut être beau pour être aimé? Il était quand même gentil, le canard! Je la trouve triste, moi, ton histoire. Elle me donne toujours envie de pleurer. Papa, est-ce qu'il me trouvait laide et noire? C'est pour ça qu'il est parti loin comme ça?

— Non, Papa te trouvait très jolie.

— Pourquoi il est parti alors?

— C'est entre lui et moi. Ce sont des histoires d'adultes. Tu vois, il est gentil, ton père; il te téléphone et t'envoie des cadeaux très souvent.

Ces explications ne satisfaisaient pas Vivianne. Elle établissait des liens entre son quotidien et les contes. En outre, elle n'avait jamais accepté le départ de son père pour l'Europe. Ingénieur en bâtiments, il avait quitté le pays pour travailler sur de gigantesques chantiers de construction. Il avait bien vite refait sa vie et trouvé sa perle, qu'il aimait profondément. Il téléphonait régulièrement à la maison et nos rapports étaient empreints de bonne entente. Quand nous nous étions connus, nous étions trop jeunes. Les années avaient épuisé les émotions si puissantes jadis, comme c'est le cas pour bien des couples. Jamais nous ne nous en sommes voulu, et il a toujours gardé un excellent contact avec Vivianne. Évidemment, c'était avant que la drogue ne fasse son entrée dans nos vies.

Malgré cette obsession de l'abandon qu'elle retrouvait dans les contes et qui la hantait et la décontenançait, Vivianne décortiquait tous les scénarios un à un. Elle les démontait comme un adolescent qui aurait, tournevis et marteau en mains, démantibulé un vieux poste de radio. Elle analysait en détail ce qui s'était passé pour que le Canard, le Poucet, le Chaperon ou La Belle au bois dormant soient parachutés dans les conclusions proposées par les scénarios.

— Ça ne se peut pas, dormir cent ans. Elle serait morte de faim ou elle aurait pourri dans sa poussière de cent ans, arguait-elle intelligemment.

— Dans les contes, tout est possible, ma chérie. Il faut imaginer les choses. Ce n'est pas comme dans la réalité.

— C'est quoi, la réalité? demandait-elle.

— Ce sont les choses qui peuvent se passer pour vrai, sur la terre, qu'on peut toucher, qu'on peut voir. Dans les contes, les gens peuvent voler comme Mary Poppins, mais dans la vraie vie, dans la réalité, les humains ne volent pas comme des oiseaux.

— Aussi, dans les contes, les animaux peuvent parler, mais pas dans la réalité, c'est ça? questionnait-elle.

Je lui répondais toujours dans l'intention de développer chez elle les valeurs d'amour et de vérité. Elle brillait autant par son raisonnement que par ses interrogations. Si elle n'acceptait pas les malédictions et la morale d'une histoire, elle croisait les bras, boudait et refusait d'entendre le conte à nouveau. Ce furent là les premiers boycotts qu'elle appliqua dans sa vie.

Vivianne interrogeait, répondait, son esprit était présent continuellement, du matin au soir. Malgré l'énergie qu'il fallait pour vivre avec elle au quotidien, c'était un rayon de soleil, une perle rare, une beauté aurifique. Elle apportait beaucoup avec ses discussions d'enfant pleines de sens et d'humour. C'était un clown-né adorable.

— C'est qui, George Sand? Pourquoi elle porte un nom de monsieur et pourquoi on ne prononce pas la lettre D dans son nom? m'avait-elle demandé dans une bibliothèque, devant le roman *La Confession d'une jeune fille*.

— C'est une célèbre auteure française. Elle voulait agir différemment des autres écrivains de son époque. Elle voulait se faire remarquer.

— Que faut-il faire pour se faire remarquer comme George Sand?

— Il faut aller au bout de soi-même, il faut donner le meilleur de ce qu'on a à l'intérieur de soi.

— Elle disait quoi, George Sand?

— Elle a écrit «La vie est une longue blessure qui s'endort rarement et ne guérit jamais», lui lus-je, un dictionnaire des citations dans les mains.

— Donner le meilleur de soi, c'est comme avoir un A$^+$ pour une dictée à l'école? s'extasiait-elle. Ou pour un test de chiffres? Ou comme les grands boxeurs qui gagnent leurs combats?

Elle adorait que je lui raconte la vie du boxeur Marcel Cerdan, qui aurait pu être magnifique s'il n'avait pas péri dans un accident d'avion, lui, le seul amoureux de toute l'existence de la célèbre Édith Piaf. Elle avait souvent lu des phrases du testament de cette grande chanteuse. Elle avait mémorisé ce passage: «Quand je pense à ma vie, à toutes ces débauches de forces, j'ai honte de moi. Quand je revois cette petite femme engoncée dans sa fourrure, qui traîne la nuit sa solitude et son ennui, je pense que Piaf, ç'a été ça! J'ai été quelquefois injuste et parfois méchante. J'ai été ronchonneuse, coléreuse et autoritaire. À tous, je demande pardon.»

Vers l'âge de neuf ans, comme elle s'inté-ressait beaucoup à la musique, elle voulut jouer d'un instrument et opta pour des cours de violon. Elle se débrouillait à merveille et c'était un charme de la voir s'exécuter. Aussi, qu'il est bon de me rappeler les soirs de Noël où, debout sur une chaise pour épater la galerie, les mains et les doigts tambourinant dramatiquement sur sa poitrine, elle imitait la môme Piaf! C'était un spectacle unique de la voir lâcher son archet et crier avec les tremblotements célèbres de la diva : *Mon Dieu! Mon Dieu! Mon Dieu! Laissez-le-moi encore un peu, mon amoureux! Un jour, deux jours, huit jours... Laissez-le-moi encore un peu...*

Elle avait douze ans quand nous nous sommes rendues au cimetière du Père-Lachaise à Paris où elle tenait à aller déposer une fleur sur la tombe de la chanteuse.

— Pourquoi c'est écrit madame Lamboukas, dite Édith Piaf? demanda-t-elle.

— Elle a été mariée à un monsieur Lamboukas.

— Il était bien plus jeune qu'elle. Il avait vingt et un ans de moins, avait-elle déduit en calculant les dates gravées sur l'épitaphe.

— L'amour n'a pas d'âge, conclus-je.

Dès sa naissance, j'ai conversé avec elle comme avec une adulte. Jamais je n'ai gazouillé de mots incorrects pour signifier les choses et définir les concepts. Du lait et de l'eau, ça se prononçait comme du lait et de l'eau, pas du lait-lait ou de la lolo! Une coupure ou une brûlure, ce n'était pas des bobos, mais des blessures désignées avec précision. J'ai toujours estimé que de s'adresser aux enfants avec des mots de bébé ou de se pencher pour leur parler était inapproprié. Peut-être ai-je eu raison, car les rédactions de Vivianne, à l'école primaire, revenaient toujours avec des gommettes et des mentions de félicitations de la part des professeurs. Sans doute la prononciation exacte des mots l'a-t-elle aidée.

Quand son cerveau en ébullition butait sur un terme, elle ne laissait rien en suspens. Il fallait tout éplucher ensemble. Elle possédait une curiosité inlassable et sans bornes. Je définissais à son intention les concepts plus ardus à l'aide de tous les synonymes de la langue française et je reficelais les phrases et écossais les mots de toutes les façons imaginables.

— Bondieuseries, c'est quoi?

— Bondieuseries, c'est comme une dame qui dépose des bisous sur une croix tous les matins et qui passe une mauvaise journée si elle oublie de le faire.

— Pourquoi elle donne des bisous sur une croix?

— Elle croit que c'est aussi essentiel que l'eau pour vivre, suggérai-je.

— C'est quoi, essentiel?

— C'est nécessaire, obligatoire, indispensable… C'est ce qui est le plus important pour un animal ou une personne, par exemple.

— Je ne comprends pas.

— Bien, une mouffette, si elle approche, il faut faire quoi?

— Elle peut faire pipi sur nous; il faut se sauver.

— Voilà, c'est essentiel de se sauver.

— Et les lapins? Parle-moi des lapins, se trémoussait Vivianne.

— Qu'ont les lapins dans leur bouche pour manger des carottes?

— Des dents! s'écriait la petite.

— Voilà. Les dents, pour un lapin, sont essentielles. Tu comprends, maintenant? Il n'y a pas de lapin sans dents dans les forêts.

Elle attrapait tout au vol. Rien n'était stupide ou inutile pour elle. Toutes les minutes du jour servaient pour aimer, apprécier, comprendre, sentir. Ensemble, nous avions aménagé un jardin de fleurs à travers lesquelles poussaient des légumes et quelques fruits. C'était un plaisir de jouer du piano pendant des heures, alors qu'elle essayait de murmurer les airs les plus célèbres des maîtres dont la musique avait traversé les époques. Quand elle avait peur de quelque gros monstre qu'elle avait imaginé, je lui caressais inlassablement les cheveux et lui susurrais les mots d'amour les plus doux.

Ma vie avec cette enfant était un conte de fées. Chaque minute du jour était une surprise pour elle. Un rien l'étonnait, tout était prétexte à soulever mille questions. Elle ne laissait rien au hasard. Qu'elle ait admiré les images d'un livre, effeuillé une marguerite, suivi un nuage des yeux ou repoussé un monstre imaginaire, Vivianne était une passionnée de la vie, de tout ce qui existe.

Quand elle était enfant, je me souviens qu'elle avait des croyances très fortes. Elle avait la foi. Elle avait appris ces concepts religieux à l'école, car, à la maison, on ne priait pas. Je me demandais parfois si elle allait devenir une sœur, tellement les choses de l'Église l'intéressaient. J'imagine qu'elle a vécu la totalité de sa vie spirituelle durant son enfance.

A. P., une mère

Chapitre 2

Alors qu'elle avait neuf ans, un de ses amis a été terrassé par la leucémie. Pendant l'interminable combat de cet enfant au sourire inoubliable, Vivianne a questionné, scruté, tenté de s'approprier cette maladie cruelle et surtout la mort qui était imminente, vu la gravité du diagnostic.

Pendant longtemps, tous les soirs, avant de dormir, au pied du lit, elle tenait le peigne rouge que William lui avait offert pour qu'elle le garde toujours. Les mains jointes vers le ciel et des larmes roulant sur ses joues, elle récitait en reniflant des *Je vous salue, Marie* pour William, qui croyait dur comme fer en sa guérison et qui avait demandé des prières pour Noël plutôt que des cadeaux.

L'enfant avait même organisé une conférence de presse dans le village pour demander aux journalistes de s'adresser à leurs lecteurs, auditeurs et téléspectateurs afin que des milliers de croyants prient pour lui. Il estimait que, plus nombreuses étaient les prières, plus grandes étaient ses chances de survie.

— Il n'y a que mille personnes dans ma communauté. Ils prient tous pour moi, mais si mille fois mille personnes font juste une toute petite prière, c'est presque impossible que Dieu, Jésus et Marie n'entendent pas mes demandes, avait-il déclaré dans une entrevue avec un grand journaliste.

Son communiqué de presse intitulé *William veut mondialiser l'amour* avait parcouru rien de moins que le monde entier. De partout, il avait reçu des lettres, des courriels, des cadeaux, des mots d'encouragement. Le premier ministre du pays lui avait même téléphoné, ainsi que la chanteuse francophone la plus connue de l'Amérique du Nord.

Pendant les mois qu'a duré la maladie de William, Vivianne a tant fabriqué d'objets magiques et sacrés qu'une partie de sa chambre faisait office de musée après la mort de ce petit Autochtone angélique. Avec un livre de magie que je lui avais déniché à un coût exorbitant dans une librairie, elle avait conçu, grâce à une recette démesurément compliquée, un sac d'épices sacrées contenues dans une pochette qu'elle avait lacée avec un ruban de soie rouge.

Ce sac avait pour fonction de guérir son précieux ami. En tenant la pochette devant la fenêtre, elle devait réciter l'incantation rédigée dans une langue amérindienne ou celtique morte qui ressemblait un peu au gaulois ou peut-être au latin. Je ne sais pas. Presque tous les sons de sa prière magique finissaient par usse, et les w ardus à prononcer surabondaient.

— Magicus, laïus, artécus, wa, weth, marmonnait-elle avec les talismans levés dans les airs, la voix brisée par les larmes.

Après la mort de William, une nuit de mai, Vivianne s'activa pour que l'âme de son ami se rende directement au ciel. Toute concentrée qu'elle était devant la photographie du défunt garçonnet, elle balançait sa pochette sacrée dans la lumière du jour, inconsolable. J'avais le cœur brisé de la voir si triste. Combien de fois me suis-je rendue au cimetière avec elle pour déposer des objets, des cartes, des mots d'amour et des prières sur la pierre tombale de l'enfant! Ces scènes auraient arraché le cœur et les larmes les plus amères au plus indocile des rebelles.

Par ailleurs, c'était le bonheur et l'harmonie tous les jours entre nous deux. Elle avait le cœur grand comme une cathédrale et une sensibilité démesurée. Un mot, une phrase, une image à la télévision, une musique entendue, un événement qui survenait dans nos vies, un banal épisode du quotidien, tout soulevait des discussions, des opinions, et l'enfant emplissait son cerveau et son âme lentement, mais sûrement, au fil des jours qui passaient.

— Pourquoi les lumières de toutes les couleurs sont-elles accrochées dans des poteaux?

— Ce sont des feux de circulation pour les voitures, les motos, les bicyclettes, les camions et les piétons. Tous ceux qui utilisent la rue doivent respecter ces trois couleurs.

— C'est rouge ou vert? questionna Vivianne alors que nous attendions devant une lumière rouge.

— Jaune aussi, ma chouette. Le cercle vert, le carré rouge et le losange jaune.

— Ça veut dire quoi? Les gens dans les voitures, ils le savent tous?

— Rouge, on arrête, vert, on avance et jaune, on ralentit.

— Pourquoi, alors, vas-tu plus vite quand elle est jaune? Tu as dit l'autre jour à Mimi qu'il fallait *clencher* sur la jaune. Ça veut dire quoi, ça?

Par sa présence d'esprit remarquable, elle avait le don de me piéger, de toujours se remémorer tout, de surprendre l'auditoire. Elle était irremplaçable pour mettre tout un chacun mal à l'aise.

C'était une enfant imprévisible. Il fallait s'attendre à tout avec elle. Par exemple, un matin, dans un centre de santé, elle devait recevoir un vaccin avant de s'inscrire à l'école maternelle. Comme elle devait lui injecter le liquide dans la cuisse, l'infirmière avait baissé son collant de laine. À mon insu, évidemment, Vivianne avait enfilé une serviette hygiénique sous ses collants; elle expliqua à l'infirmière qu'elle était «monstruée».

Un jour, elle confia tout bonnement à une tante aux cheveux jaunis et atrocement permanentés:

— L'autre soir, ma maman, elle m'a fait peur en me disant qu'elle se ferait couper les cheveux comme toi et se ferait pousser un gros point poilu sur le menton elle aussi. Elle me dit ça quand je ne veux pas aller dormir tout de suite.

Ma tante aux grosses lunettes, qui avait

effectivement une verrue poilue sur le menton, estomaquée devant les déclarations-chocs de Vivianne, ne m'a plus jamais adressé la parole. Je ne me souviens pas non plus avoir eu droit à un sourire ou à une marque de sympathie de sa part. Sa colère sera probablement éternelle. Lors d'une réunion de famille, j'ai remarqué, en lui adressant un regard furtif comme l'éclair, qu'elle avait fait opérer sa verrue. Je n'en ai pas fait mention à Vivianne, cette fois.

— Même si tu te mets du rouge à lèvres, tu es laide quand même, moi, je trouve, avait-elle déclaré, le plus naturellement du monde, à une vieille dame dans un centre commercial.

La bouche maladroitement rougie, la vieille avait sursauté et lui avait tiré la langue. J'avais vite fait d'inciter Vivianne à marcher devant, car la petite avait déjà une grimace toute prête sur le visage.

La minitornade humaine laissait sa marque indélébile partout où elle passait. Pour le poissonnier, qui aurait pu exercer le métier d'amuseur public, c'était une joie de lui apprendre à reconnaître une espèce de poisson à chaque visite.

— Tu vois, le doré a de gros yeux. Ses joues sont recouvertes d'écailles rugueuses. Touche! Le doré a aussi beaucoup de dents qui sont grosses et très coupantes, démontrait-il à Vivianne.

— Et ses nageoires, monsieur le poisson-nier? Elles ont quoi, les nageoires du doré? questionna Vivianne, le poisson visqueux dans les mains.

Elle caressait la carcasse du bout des doigts comme si elle tenait un chiot. Elle faisait fi de l'odeur qui imprégnait peu à peu son manteau.

— Ses nageoires, elles sont séparées. Tu vois? Et la première, celle-ci, porte une quin-zaine d'épines.

— Et l'autre nageoire? demanda Vivianne.

— L'autre nageoire est plus molle.

Nous passions plus que le temps nécessaire dans la poissonnerie, la boucherie, la friperie, et partout où nous allions pour les courses quotidiennes.

La coiffeuse du village lui apprenait telle ou telle technique pour remonter ses cheveux avec des pinces, comme les princesses. La boulangère lui mentionnait les ingrédients contenus dans les pains au chocolat et les gâteaux. La postière lui permettait de traverser de l'autre côté du comptoir pour peser les colis et appliquer les timbres sur les enveloppes.

Mes sœurs, mes frères, mes parents, les voisins avaient toujours une anecdote en poche, juste pour attiser cette gamine fée qui charmait et envahissait son entourage. Le maire la saluait par son prénom comme s'il eût été en présence d'une vieille connaissance.

Vivianne était une star qui brillait par sa gentillesse et sa personnalité d'enfant. Tous l'aimaient. Elle semblait promise à un brillant avenir, un avenir bien appuyé sur son bon jugement, sa curiosité et son intelligence.

C'est comme si son développement moteur avait été inversement proportionnel à son développement physique. À quatre ans, c't'enfant-là parlait, y marchait, y s'lavait, y s'habillait tout seul! Là, y a quinze ans: y parle pus, y marche pus, y s'lave pus, pis y pue. Pis y mange! Y mange! Ah! Si y s'lève de table après souper, c'est pour aller voir si y reste quelque chose dans l'frigidaire. Parce qu'y parlent pas, à c't'âge-là; y grognent. En fait, c'est tout c'qu'y fait dans vie: y mange pis y grogne! Y mange pis y grogne! J'ai dit à ma femme l'autre jour: «Y mange pis y grogne, y mange pis y grogne, des fois j'me demande si on s'rait pas mieux avec un gros chien.»
Yvon Deschamps, _Les ados_

Chapitre 3

Je ne peux identifier le matin où son enfance s'est envolée. On aurait dit que quelqu'un était mort à l'intérieur d'elle, qu'elle traînait un cadavre. La fillette que tout le monde aimait avait complètement disparu et s'était endormie pour cent ans comme Aurore dans le conte de *La Belle au bois dormant*. Cela m'a pris quelques mois, même des années, avant de le réaliser, mais je vivais un deuil effrayant, celui de mon enfant et de cette personnalité magnifique que je ne reverrais jamais.

Tout s'est vraiment brisé pour Vivianne lorsqu'elle eut quatorze ans, alors qu'un fléau plus puissant que Satan s'est faufilé dans son corps : la drogue. Je vous raconte plusieurs années d'enfer de ma vie et de celle de Vivianne, mais ces années horribles peuvent être celles d'un fort pourcentage de jeunes de toute une génération et de parents qui subissent ce fléau partout dans le monde.

J'ai honte de l'avouer, mais il m'a fallu au moins deux ans avant de m'apercevoir que Vivianne consommait. Ce que je pouvais être ignorante! Évidemment, si je retourne en arrière, je me souviens qu'elle présentait tous les symptômes de la dépendance à la drogue, mais je mettais ses sautes d'humeur phénoménales sur le compte de l'adolescence. Je me convainquais qu'elle était en plein cœur de cette crise inévitable chez l'humain et je ne m'inquiétais pas. Aussi, je l'avoue bien humblement, j'ai été naïve et presque bonasse, durant cette période. J'aurais pu scruter davantage les choses et peut-être l'aurais-je sauvée des longues années de déchéance qu'elle a connues, comme ligotée par son esclavage.

Vivianne n'était plus elle-même. Les changements étaient dramatiques au point que je peux affirmer que la personne adorable qu'elle avait été n'existait plus. C'était aussi terrible que cela.

Pendant ces deux années, j'étais endormie. Je voyais pourtant ses notes scolaires baisser. Je rencontrais ses nouveaux amis, plus ou moins recommandables. J'étais aussi témoin de ses sautes d'humeur, de sa méchanceté, des changements incroyables qui avaient fait disparaître l'enfant et fait naître une adolescente difficile. Je me rendais bien compte qu'elle ne s'intéressait plus à rien et qu'elle s'éloignait de moi. C'était comme si un océan nous avait subitement séparées sans que je m'en aperçoive. La transformation était radicale, mais je ne l'avais pas vue venir. Je n'avais pas vu le mal s'installer.

Parfois il nous faut nous asseoir et regarder derrière, visionner le film de notre vie pour revivre le moment qui a tout changé. On voudrait bien retourner pour changer les choses, mais c'est impossible. Le passé ne peut être modifié. Ce qui peut l'être, c'est l'avenir.

Pendant deux ans, j'eus des œillères. J'avançais en compagnie de ma fille, qui devait souffrir pour consommer ainsi, mais je ne voyais rien. Pendant tous ces mois, sa vie s'enlisait et la dépendance s'ancrait en elle.

Quand je repense à ces deux années infernales que j'ai vécues dans l'ignorance, je compare nos rapports à ceux d'un couple à couteaux tirés, à ceux de deux êtres qui se déchirent inlassablement et qui, après un divorce des plus salvateurs, se demandent comment ils ont bien pu faire pour vivre ensemble. Ils se disent qu'ils auraient dû agir bien avant...

Je sais, tout est un peu – peut-être même beaucoup – de ma faute. Je ne suis pas capable de me laver totalement de la culpabilité, lorsque j'évoque ces longs mois où j'ai laissé allègrement Vivianne devenir dépendante de la drogue. Je m'en veux parfois tellement de ne pas avoir su, de ne pas avoir vu, de ne pas l'avoir défendue comme une mère aurait dû le faire!

C'est par un glacial matin de novembre que l'évidence m'a sauté à la figure. Après avoir crié comme un chien enragé qu'elle n'avait pas faim, car je la priais une fois de plus de manger un peu avant de partir pour l'école, elle m'a regardée fixement dans les yeux, et c'est là que j'ai vu ses pupilles dilatées, rondes et noires comme des pièces de monnaie, comme des gouffres intersidéraux. Il y avait une fureur innommable dans son regard. C'était comme si je venais de croiser la terrible réincarnation du comte Dracula dans ma propre cuisine. Avec sa large cape noire et rouge, il aurait avancé vers moi avec ses dents coupantes comme des épées que la scène n'aurait pas été plus terrifiante. C'est ce regard anormal et presque maléfique qui a dessillé mes yeux et qui m'a jeté la vérité au visage.

Avec tout ce que j'ai appris par la suite dans mes recherches, mes téléphones, mes lectures, j'ai compris que tout pointait la consommation d'amphétamines, communément surnommées *peanuts*, *speeds*, *peachs*, *ices*, *cristals*, *amphés*, *wake-up* ou *pep pills*. Pendant des jours, afin de ne pas intervenir les mains vides d'arguments auprès de Vivianne, je me suis informée et documentée. Plus je recueillais de renseignements, plus j'étais bouleversée par la témérité de ma fille, qui osait s'enfiler ce poison dans la bouche et dans le nez. Un revendeur m'aurait offert cent mille dollars pour que j'en gobe une seule dose que ma réponse aurait été non.

«C'est parfois plus dangereux que d'avaler une cuillerée de *Drano*», avait écrit dans un éditorial médical un éminent neurochirurgien, qui concluait son texte en jurant que, s'il avait su qu'il traiterait autant de jeunes gravement intoxiqués et dans des situations irréversibles, sa carrière aurait pris un tout autre tournant. Dans son article, le médecin racontait des tragédies comme celle d'une adolescente de quatorze ans qui était décédée des suites d'une surdose. Trop intoxiquée, la jeune fille s'était endormie dans son bain et était morte noyée.

Ses parents l'avaient retrouvée, le corps raidi par la mort, dans une eau glaciale.

Produites par des criminels immoraux, des chimistes en herbe, ces pilules parfois «enrichies» avec du poison à rat et de la poussière de verre sont synthétisées dans des laboratoires clandestins. Nul besoin de préciser que ces trafiquants créent leurs produits en modifiant les molécules au gré des fantaisies les plus dangereuses. Pendant que je prenais connaissance de la littérature reliée aux amphétamines, une chanson de la bande dessinée *Astérix et Cléopâtre* me trottait sans cesse dans la tête. Dans le conte, deux Romains, Tournevis et son maître Amonbonfils, des crapules patentées, cherchent à mettre au point une recette qui leur permettra d'assassiner la reine Cléopâtre. Ils envisagent de concocter des pâtisseries empoisonnées, des beignets mortels, une tarte au venin de vipère ou des clafoutis au curare.

Leur but est de faire en sorte qu'Astérix et Obélix soient accusés du meurtre et mis à mort. Les deux crapules optent finalement pour le pouding à l'arsenic.

Dans un grand bol de strychnine
Délayez de la morphine
Faites tiédir à la casserole
Un bon verre de pétrole…
Je vais en mettre deux!

Quelques gouttes de ciguë
De la bave de sangsue
Un scorpion coupé très fin
Et un peu de poivre en grains!
… Non!… Ah! Bon!

Émiettez votre arsenic
Dans un verre de narcotique
Deux cuillères de purgatif
Qu'on fait bouillir à feu vif…
Je vais en mettre trois

Dans un petit plat à part
Tiédir du sang de lézard
La valeur d'un dé à coudre
Et un peu de sucre en poudre?
… Non!… Ah! Bon!

Vous versez la mort-aux-rats
Dans du venin de cobra
Pour adoucir le mélange
Pressez trois quartiers d'orange…

Ah! je vais en mettre un seul

Décorez de fruits confits
Moisis dans du vert-de-gris
Tant que votre pâte est molle
Et un peu de vitriol!
Non! Ouiiii!
Ha! Je savais bien que ce serait bon!
[...]

Pendant que les deux méchants comparses chantent et préparent leur recette, une mignonne souris grise, valises en main, quitte définitivement cet endroit rempli de criminels. J'aurais bien espéré que Vivianne imite la souris en apprenant la composition chimique du speed et des drogues, et aussi de l'alcool qu'elle consommait, mais ce n'est pas du tout ce qui est arrivé.

Ma fille allait détruire son corps et hypothéquer sa santé mentale et physique pour le reste de ses jours. Pourtant, je n'étais pas du genre à hurler et à la menacer. Je préparais plutôt un plan d'attaque. Après avoir imprimé une feuille sur laquelle étaient listés les effets du speed, je lui en ferais la lecture pendant le souper. Je lui demanderais de me dire si elle reconnaissait ces symptômes. Je lui énumérerais à voix haute les effets indésirables de la substance et les ravages qu'elle faisait subir à ses organes internes et surtout à son cerveau.

Lorsqu'elle s'assit pour le repas, je me mis à énoncer un à un les effets des amphétamines : suppression de la fatigue et de la faim, sentiment d'invincibilité, tremblements, agitation, nausées, accélération et troubles du rythme cardiaque, troubles du sommeil, maux de tête, nervosité, irritabilité, comportement agressif – surtout en combinaison avec l'alcool ; à hautes doses, hallucinations, arrêt circulatoire, attaques cérébrales et dysfonctionnement des reins et du foie. Un des dangers souvent sous-estimé est celui de l'élévation de la température de l'organisme jusqu'à quarante et un degrés Celsius, avec risque de surchauffe mortelle et de déshydratation. Après la descente, besoin extrême de dormir, forte faim, humeur dépressive, irritabilité.

Ma lecture avait duré presque une minute. Pendant qu'elle me considérait bêtement, la bouche légèrement ouverte, je remontai mes lunettes qui étaient descendues sur le bout de mon nez et attendis sa réaction en l'étudiant affectueusement du regard. En affichant une moue de dédain, elle prit son assiette du bout du doigt et la repoussa au centre de la table, juste assez fortement et sèchement pour que la sauce éclabousse la feuille. Elle se leva et se dirigea lentement vers sa chambre sans émettre un son.

Je n'en suis pas certaine, mais je crois qu'elle a discrètement fait un geste vulgaire avec son majeur. Ce genre de gestes impolis et inacceptables, pendant les deux ans où j'étais endormie, je ne voulais pas les voir. Je faisais comme si rien ne s'était passé et je me répétais que cela devait également être mis sur le compte de l'adolescence. Aujourd'hui, je me dis que j'agissais ainsi de façon inconsciente pour ne pas affronter ce que j'avais à affronter.

Ne pas dormir, je connais cela. Les fins de semaine après que mon fils eut acheté sa voiture, je ne me souviens pas d'avoir eu une nuit de bon sommeil. Il était constamment saoul au volant. Il ne comprenait rien. J'avais beau lui enlever les clés et le sermonner, rien n'y faisait. Quand il est parti en appartement, son comportement ne connaissait plus de limites. Il est mort trois mois après et il a tué deux personnes dans son accident. Je regrette de ne pas l'avoir dénoncé aux policiers. Elle est là, ma culpabilité. Je n'ai pas agi comme mon père l'aurait fait.

G. P., un père

Chapitre 4

Après que Lucifer eut cogné à ma porte, j'en ai passé, des nuits, à observer le plafond sans ciller des yeux, à tourner dans mes draps comme une laveuse en espérant le sommeil qui ne venait jamais. J'étais obsédée. Je m'étais même mise à ingurgiter des somnifères et à boire de fortes tisanes pour parvenir à m'endormir. Je tenais à trouver une solution pour faire cesser cette autodestruction, mais j'ai bien vite réalisé ma faiblesse devant le spectre de la drogue.

J'en ai chassé, des mouches qui tournico-taient dans la lueur de la lampe en y allant de leur vrombissement insupportable.

Parfois, les nuits d'hiver, des vents glaciaux sifflaient sur les murs extérieurs de la maison, comme pour ironiser sur ma vie lugubre, comme pour se moquer de mon impuissance à agir contre le plus herculéen des démons.

Quand la noirceur s'installait et que je savais Vivianne dans un bar ou partie pour une balade avec des gens en état d'ébriété, j'étais si angoissée que j'en avais mal. J'avais beau me parler et essayer de rationaliser la situation, la noirceur extérieure augmentait mes craintes. Je ne parvenais pas à me raisonner.

La neige tournoyait en rafales et l'opacité de la nuit surplombait sa blancheur. Quand je réussissais à m'endormir, je ne peux raconter les atroces cauchemars qui hantaient et grugeaient mes maigres heures de sommeil. Je m'éveillais en sueur et ma santé périclitait lentement, mais sûrement. Cette situation me vieillissait. Impuissante, je voyais apparaître les premières pattes d'oie aux coins de mes lèvres, sur mes joues, autour de mes yeux; chaque matin, je pouvais compter de nouveaux cheveux blancs. Cette situation allait avoir ma peau.

Je n'ai jamais touché à un seul joint dans toute mon existence. Si. Une fois. J'avais douze ou treize ans. J'étais en visite chez une cousine un peu plus âgée que moi qui flirtait avec la drogue et qui m'affublait de tous les noms pour se moquer de mon manque de courage.

— Allez, allez, fume, t'es donc bien peu-reuse. Tu ne mourras pas, me défiait-elle.

Le défi justement! C'est ce qui a fait en

sorte que j'ai fumé ce soir-là. Je voulais me prouver quelque chose. Après avoir aspiré trois ou quatre pipées de colombien rouge – j'ai su après que c'était une bombe –, je me suis sentie perdue et j'ai vraiment, mais profondément détesté la sensation d'être à côté de mon corps et la sécheresse de ma bouche pâteuse. Comme il n'y avait rien de mieux dans le frigo qui soit prêt à manger immédiatement, j'ai dévoré des haricots crus et bu une pinte de lait tiédi, coagulé il me semble, pour calmer la faim et la soif qui trituraient curieusement mes entrailles. Je me sentais affreusement mal, comme si j'avais avalé une poignée de gravelle ou ingéré une tasse de boue. Les haricots roulaient dans mes joues et sur mes dents. J'avais la nausée et j'ai réellement cru que j'allais mourir, que je resterais prisonnière dans cet état lamentable toute ma vie. Dans l'escalier de fer forgé en colimaçon, ceux typiques des ruelles des grandes villes, je vivais, à ce qu'il me semblait alors, mes dernières heures.

Je n'avais inhalé que quelques pipées, mais j'avais vraiment eu ma leçon. L'intense réaction qu'elles avaient provoquée chez moi m'avait convaincue. Je ne touchai plus jamais à une quelconque drogue, et ce, toute mon existence durant.

Vers l'âge de onze ou douze ans, ma mère nous avait surpris, mes deux frères aînés et moi, à fumer des cigarettes, tous trois recroquevillés sous la galerie. À travers les grillages et les planches, avec le flair remarquable des mères qui ont élevé des dizaines d'enfants, elle entrevoyait la fumée qui montait, alors qu'elle était sortie pour secouer la nappe après le repas. Elle s'est penchée vers nous, toute souriante. Je la revois encore avec ses rouleaux et ses pantoufles affreuses, accroupie en petit bonhomme devant la basse porte entrouverte sous le balcon. Il ne lui aurait manqué que le rouleau à pâte pour incarner la scène typique.

— Pourquoi fumez-vous dehors? avait-elle lancé de façon convaincante. Voyons! Il fait bien trop froid. Venez fumer dans la maison, tous les trois! Vous êtes grands, maintenant. Vous êtes des adultes.

Pendant tout l'après-midi, alors que nous étions affalés sur l'immense sofa fleuri, notre mère nous a fourni les cigarettes une à une et nous avons dû les griller au complet, tout en aspirant la fumée. Comme des adultes, nous disions-nous.

Au départ, nous étions bien déstabilisés devant l'étonnante et subite ouverture d'esprit de notre mère, qui enlevait ses rouleaux en nous avouant qu'elle nous trouvait bien mignons. Elle insistait en nous répétant que nous étions devenus grands. Nous nous sentions comme des rois, privilégiés d'avoir si subitement la permission de fumer dans la maison. Nous avions hâte de voir la tête de nos amis jaloux et envieux de notre sort quand nous leur annoncerions que nous pouvions fumer non seulement dans la maison, mais aussi devant nos parents. Vers la fin de la journée, nous avions un teint légèrement verdâtre et des timbres de voix peu rassurants, car la fumée avait encrassé nos gorges et nos cordes vocales.

—Tiens, prends-en donc une autre! a-t-elle ordonné à mon frère en peignant ses longs cheveux bruns.

Ni moi ni mes frères ne fumons aujourd'hui. Je me souviens encore des heures que nous avons passées à éprouver une nausée puissante et omniprésente. Quand je pense à la cigarette, on dirait que cette nausée ressurgit du passé. L'odeur du tabac m'a toujours répugné et, encore aujourd'hui, il est absolument interdit d'allumer une cigarette chez moi. Cette journée inoubliable et enfumée nous a carrément traumatisés tous les trois. Lors des fêtes de famille, nous en parlons encore et le souvenir de l'expérience est frais dans nos mémoires, comme s'il s'agissait d'une tragédie qui aurait marqué nos existences à jamais. Nous nous souvenons davantage de cette journée que de celle où notre ferme a été incendiée. Pourtant, les deux événements ont eu lieu à environ une année d'intervalle.

C'était la psychologie de ma mère. Sans livre et sans diplôme, elle savait trouver les solutions pour nous guérir d'un vice. D'instinct, elle était intervenue pertinemment. Si notre père nous avait surpris sous le balcon, sa stratégie aurait été de nous barricader dans nos chambres pour l'éternité. Il était plus direct.

Cette époque où on respectait ses parents sans discuter est lamentablement révolue. Dire que nous les vouvoyions! Mon grand-père et mon père ne vivraient pas une journée dans les chaumières d'aujourd'hui. Devant les agissements et les paroles de certains jeunes, ils crèveraient d'apoplexie, d'un infarctus, ou bien ils s'étoufferaient avec la fumée de leur pipe. Sans doute deviendraient-ils des meurtriers!

Il fallait obéir à ses parents et c'était ainsi; il n'y avait pas lieu de négocier. Toutefois, tous mes souvenirs convergent dans le même sens : j'ai vécu une enfance heureuse, même si mes parents étaient très autoritaires.

Malgré le fait que j'avais compris les dangers du tabac et de la drogue en un rien de temps et grâce à une seule mauvaise expérience, j'ai dû me battre pendant des années contre la présence de jeunes consommateurs, les amis de Vivianne, et leurs actes illicites. J'ai même côtoyé des criminels. Précisément, un bon copain de ma fille, un vendeur de cocaïne, vient d'être condamné pour homicide involontaire. Il a vendu sa marchandise à un jeune de quinze ans qui a sniffé une dose à tuer un cheval et qui est mort dans l'heure qui a suivi.

J'ai aussi dû discuter mille fois avec des policiers, des enquêteurs, des travailleurs sociaux. Mon quotidien gravitait autour de ce monde. Pourtant, je n'y avais que trempé le petit orteil. J'avais peur des consommateurs, quand j'étais plus jeune. Si je repense à tous ceux qui consommaient au moment de mon adolescence, je sais qu'ils ont tous mal tourné. Ils sont décédés ou ils vivent des vies de misère. Pour ma part, jamais je n'ai touché à une seule pilule ou à une pipée de cocaïne, malgré l'euphorie qui existait dans les bars que je fréquentais parfois. Je voyais certains sniffer des lignes de poudre et danser comme des déchaînés, et la peur me tordait le ventre.

Un samedi soir, quand j'avais dix-huit ans, un jeune homme, qui avait passé la soirée dans le même bar que moi à ingurgiter des verres à la vitesse de l'éclair, est mort dans un accident très dramatique.

Si je me rappelle bien, une voiture occupée par un groupe de quatre ou cinq jeunes a démarré en trombe. Un des fêtards était agrippé au capot, pendant qu'un conducteur ivre accélérait graduellement. Le spectacle a duré quelques minutes. Tous les jeunes qui ont quitté le bar à la fermeture, vers 4 heures du matin, ont été témoins de la tragédie. Le clown téméraire a surfé pendant les dernières minutes de sa vie avant d'être violemment éjecté du véhicule par un freinage trop sec et d'aller casser la vitrine d'un magasin qui l'a pratiquement décapité.

Il m'a fallu du temps pour m'en remettre. Je ne cessais de revoir la scène, ce corps épouvantablement mutilé et dégoulinant de sang, affalé dans une étagère de vêtements à vendre, dans une posture presque détendue, la tête pendante, les bras de chaque côté. On aurait dit une mauvaise blague. Il me rappelait un épouvantail d'Halloween ou un de ces personnages du Moyen Âge empalé sur un pieu, dans les brumes nocturnes d'un cimetière abandonné. Quand j'y pense, j'entends encore les hurlements des filles épouvantées devant ce spectacle horrible de fin du monde.

Je n'avais donc jamais consommé. J'avais toujours eu peur de la drogue et voilà que ma fille était à présent plongée à corps perdu dans ce monde sordide, que du même coup elle m'obligeait à côtoyer. C'était injuste. Parfois, à bout de résistance, trop fatiguée pour continuer la lutte, j'avais le goût de me résigner, de baisser les bras, de me dire que c'était ainsi et que je ne pouvais rien y faire.

Je voulais tellement comprendre pourquoi il agissait de la sorte. Il volait, mentait sans cesse, se battait. Je ne savais pas du tout ce qu'était la drogue. Je croyais qu'il avait des problèmes de santé mentale. Je n'arrêtais pas de penser à lui, si bien que j'en suis presque devenue folle. C'était il y a 20 ans et ces mauvais souvenirs sont frais à ma mémoire comme s'ils étaient d'hier.

M. B., une mère devenue grand-mère

Chapitre 5

Après l'épisode de la pupille dilatée, je ne me rappelle pas précisément le moment où j'ai réalisé que Vivianne consommait allègrement; démesurément, dois-je préciser. Je continuais de mettre son irritabilité insupportable et ses impolitesses graves sur le compte de l'adolescence qu'elle devait traverser plus difficilement que d'autres. Pour me consoler, et surtout me rassurer, je me convainquais que l'adorable enfant qui était en Vivianne allait revenir un beau jour. Je me remémorais de tendres souvenirs, je la revoyais, par exemple, s'émerveiller devant les textes littéraires auxquels je l'avais initiée.

Ce furent justement ses yeux, que j'épiais et dont je vérifiais la réaction à la lumière, qui m'ont menée à la certitude absolue qu'elle avalait des amphétamines comme des arachides ou des bonbons, chaque jour, sans aucune crainte. Quand sa pupille demeurait dilatée malgré la lumière, je savais qu'elle en avait avalé un comprimé. Quand son œil réagissait normalement, c'était qu'elle était sobre. Mais ce n'est vraiment pas arrivé souvent.

Je tenais à éviter de la brusquer et de provoquer ainsi des confrontations inutiles. Mais je voulais pourtant lui venir en aide, trouver la bonne manière d'intervenir. Aussi me refusais-je de m'exprimer à l'impératif. À la recherche de trucs et de méthodes d'intervention, je me suis mise à lire davantage et à collecter des informations supplémentaires sur la consommation de speed, d'alcool et de cannabis. J'estimais n'être allée qu'en surface, précédemment. Je voulais tout savoir pour soulager ma conscience de ne pas avoir découvert plus tôt le problème de ma fille. J'allais partout, dans les bibliothèques, les centres de santé, les hôpitaux et même les centres de désintoxication. Je faisais aussi des recherches sur l'Internet. Je voulais me rasseoir devant elle, bourrée d'arguments qui lui enlèveraient à tout jamais l'envie de remettre ces substances dangereuses comme des grenades armées dans sa bouche, ses poumons, son estomac ou son nez.

La destruction irréversible de son cerveau vers laquelle elle s'acheminait était ce qui me hantait le plus. Une courte phrase tirée d'un jeu-questionnaire me trottait incessamment dans la tête. Il fallait avancer un pion à chaque bonne réponse. Combien de fois les cellules du cerveau se régénèrent-elles? La réponse était: zéro. Le vertige me gagnait quand je lisais sur les ravages de l'alcool, des amphétamines et du cannabis. À la télévision, un médecin avait dessiné un cerveau et démontré comment la drogue le trouait comme un fromage, annihilant ainsi des fonctions et des capacités qui ne reviendraient jamais.

Un soir propice à un entretien, que je voulais décisif, je me suis installée en face de Vivianne avec une liasse de documents devant moi, comprenant la liste des dangers de la consommation à court, moyen et long termes, la panoplie des risques reliés à la santé mentale, les symptômes, les effets, et que sais-je encore… Je devais avoir le look d'une conférencière à l'ONU, sérieuse, outillée et déterminée.

Après lui avoir remis les copies des feuilles que j'avais imprimées en double et ficelées dans d'élégants documents, je la regardai en escomptant une lueur de collaboration de sa part. Rien. Elle attendait, nonchalante, cruellement insensible. J'avais envie de la gifler, mais tout cela se passait dans ma tête. En flashs.

Jamais je ne me serais résolue à commettre un quelconque geste de violence physique envers ma fille, malgré la puissance de mes pulsions. Ni envers qui que ce soit, du reste.

—Écoute, Vivianne, je sais que tu consommes et que tu consommes beaucoup. J'aimerais t'exposer et t'expliquer tous les risques que tu cours en avalant ces trucs.

—Bah! Toi, quand tu veux être fatigante, t'es vraiment, mais vraiment la meilleure. T'es la championne, toutes catégories confondues.

Elle est repartie comme un éclair dans sa chambre, comme la reine de l'indifférence, et a verrouillé sa porte à double tour après l'avoir claquée assez fort pour faire trembler les murs. Elle ne voulait rien savoir de moi, de ma peine, de mon amour ou de mes propos quels qu'ils soient.

Durant les jours qui ont suivi cette tentative pour lui parler, je m'en suis voulu pour la stratégie trop austère que j'avais adoptée. C'était sans doute de ma faute si ça n'avait pas marché.

Il faut dire que je me jetais constamment

tous les torts. Cette fois encore, je m'accablai de cent reproches, de tous les blâmes imaginables. De vulgaires feuilles qui énumèrent les risques! Une liste de symptômes! Un dictionnaire médical! Des trucs inintéressants… Comment avais-je pu ne pas y penser? J'aurais fait fuir les étudiants les plus zélés. Laissant retomber la poussière entre Vivianne et moi, je cherchai à mettre au point un scénario plus accrocheur. J'entrepris une recherche dans le but de lui faire connaître les personnages de l'histoire qui avaient brisé leur vie à cause de la drogue, surtout ceux qui étaient décédés des suites d'une surconsommation.

Je fus réellement renversée de constater à quel point ces personnages étaient nombreux. Tant de carrières, de familles, de vies brisées… Tant de lumières talentueuses éteintes à tout jamais par la poudre, les pilules, les vapeurs éthyliques et la fumée.

Évidemment, je crus que la biographie de la célèbre rockeuse Janis Joplin allait déstabiliser, apeurer et attrister Vivianne au plus haut point. La vie de Janis me tomba dans les mains comme un cadeau du ciel. J'ignorais que cette femme avait fini de cette façon. Ma fille allait gober son histoire et saliver comme un ourson devant du miel.

Elle adorait Janis, de même que plusieurs artistes de l'époque des hippies. J'entends encore ces airs de la fin des années 1960 qui ont joué à tue-tête dans sa chambre comme *All You Need Is Love* des Beatles ou *Somebody to Love* de Jefferson Airplane. Cette époque musicale la fascinait et la passionnait. Était-ce dû aux textes des chansons, à la mode des pantalons pattes d'éléphant ou aux rythmes musicaux? Je l'ignore, mais, parmi les époques passées qu'elle connaissait, c'était celle qui avait sa prédilection. Peut-être que les joints, qui circulaient au même rythme que les papillons dans les documentaires relatant Woodstock justifiaient sa fascination. Au fond, je me considérais relativement chanceuse que Vivianne ait jeté son dévolu sur ce genre de musique, car il faut bien admettre qu'il y en a de plus redoutables.

Vivianne avait une voix extraordinaire et une mémoire exceptionnelle. Elle connaissait les paroles de milliers de chansons. Elle répétait souvent, devant un miroir, une brosse à la main en guise de micro, deux des chansons de Janis

Joplin, *Me and Bobby McGee* et *Mercedes Benz*, un air enregistré a cappella par la chanteuse. Elle imitait avec talent la voix rauque et particulière de cette très célèbre interprète.

J'entrepris la rédaction et le montage visuel du livre que j'allais offrir à Vivianne. Je tentai de retracer, au moyen de toutes les sources d'information disponibles, les grands artistes morts drogués. Dans un album que je voulus vivant et coloré, je collai des photos et des extraits de paroles de chansons. En outre, je recopiai des textes pigés ici et là dans les revues et les vieux journaux.

Je mis un soin particulier à l'assemblage de la partie consacrée au Club des 27, qui regroupe les figures de la musique qui, comme Janis, sont mortes à vingt-sept ans. Ainsi, j'allais lui faire connaître Jimi Hendrix, Jim Morrison, Alan Wilson, Pete Ham et Kurt Cobain.

Comme commentaire à la touchante photographie de Janis Joplin souriant au soleil sur sa moto, je notai : *chanteuse américaine née le 19 janvier 1943 au Texas. Grande accro au speed, elle est morte d'une surdose d'héroïne le 4 octobre 1970 à Los Angeles.*

Je collai tout plein de bouts d'articles entrecoupés par des images de fleurs. Par exemple, j'avais inséré celui-ci: *À l'automne 1970, Janis Joplin enregistre l'album* Pearl *et, le lendemain même de l'enregistrement de* Me and Bobby McGee, *qu'elle n'entendra jamais, Janis Joplin est découverte morte dans sa chambre d'hôtel.*

J'écrivis en guise d'en-tête: *Janis Joplin n'a jamais entendu sa chanson qui a parcouru, et qui parcourt encore chaque jour, des milliers de fois le tour de la planète, celle qui tu chantes si souvent dans ta chambre.*

J'ajoutai des commentaires manuscrits sous les textes, autour desquels je greffai et brochai des gommettes colorées et des photographies des amis de Janis les plus célèbres. J'avais même déniché une photo où la star embrassait sa mère ou une de ses tantes sur une joue.

Le réalises-tu, Vivianne? Janis n'a jamais entendu l'un des plus grands succès de l'histoire du rock… à cause de la drogue! notai-je au bas de la page comme un *Saviez-vous que…*, ceux qu'on peut retrouver dans les journaux scientifiques.

Je collai aussi des photos de Jimi Hendrix

avec des croix et notai : *SURDOSE.* Je retrans-
crivis, sur une page de l'album, la phrase que
Kurt Cobain avait peinte en noir dans sa
chambre d'adolescent après le divorce de ses
parents : *Je hais maman, je hais papa, papa hait
maman, maman hait papa, tout ça me rend triste.*

Je trimai dur pour produire ce livre qui
s'avéra une véritable œuvre d'art. Cette tâche
de névrosée, j'en suis consciente aujourd'hui,
a nécessité des semaines de travail et de
recherche. Dans mon délire, je croyais tellement que cet album allait avoir un effet
décisif de dissuasion sur Vivianne que les
marches de ma dégringolade n'ont été que
plus nombreuses à débouler par la suite. J'ai
vite déchanté.

Quand je lui ai présenté mon ouvrage, en
le lui tendant l'air désolé comme si je lui offrais
une note nécrologique, elle a vraiment aimé,
adoré même, mais il n'a absolument pas eu sur
elle l'impact escompté. Elle jubilait carrément
en tournant les pages. Pendant quelques
secondes, je l'ai même revue enfant, avec ses
yeux brillants et cette curiosité insatiable qui la
distinguait.

Les images de cadavres, les textes lugubres, les notices biographiques et nécrologiques ainsi que les citations accablantes à mourir sont devenus une pure amulette pour elle. Elle traînait l'album partout avec elle et l'ouvrait en soliloquant sur son contenu «tellement cool», jugeait-elle. Elle interprétait de façon tout à fait tordue les messages que j'avais voulu lui transmettre et, si je croyais avoir trouvé le moyen de détruire l'image de ces stars aux valeurs très discutables et les avoir jetées au bas de leur piédestal, je pouvais tout aussi bien retourner à mes devoirs.

— Tu vois, Cobain? avait-elle confié à une amie. C'est comme ça qu'il a mis fin à ses jours, tu te rappelles? C'est vraiment canon!

J'étais exaspérée, absolument surprise et découragée de constater à quel point nos opinions pouvaient différer. Moi qui avais pleuré souvent en fabriquant ce livre tapissé de tant de jeunesses fanées à jamais, je ne pouvais comprendre que de tels gâchis suscitent son admiration. Nous évoluions résolument dans deux mondes parallèles, comme si nous marchions à des vitesses différentes sur des rails de chemin de fer qui ne se rejoindraient jamais.

Les personnages, tous décédés prématurément à cause de leurs abus, étaient à présent ses idoles en raison du courage quasiment patriotique qu'ils avaient su démontrer en mettant fin prématurément à leur vie au nom de la satanée drogue. Ils étaient des stars intoxiquées, rien de plus, rien de moins. Or, selon Vivianne, ces tarés auraient mérité un prix Nobel avant d'être murés pour l'éternité dans leur tombe. Il aurait fallu que l'histoire les encense à jamais.

Quelques jours après que je lui eus remis l'album, Vivianne avait traduit une citation du célèbre auteur anglais Samuel Johnson, qu'on appelait aussi Docteur Johnson, et l'avait peinte sur le mur de sa chambre, juste au-dessus de la tête de son lit. En noir – et c'était affreux comme le mur en béton d'une cellule de prison –, de la même couleur que les pensées de Kurt Cobain, elle avait peint ces mots sinistres qui avaient ensuite dégouliné : *Celui qui se transforme en bête se délivre de la douleur d'être un homme.* Les longues coulisses noires sur son mur jadis rose mettaient un paroxysme au spectacle d'horreur, comme si le diable lui-même avait signé cette décoration de mauvais goût.

Une fois, je lui ai gentiment demandé de ramasser son assiette. Je ne montais plus le ton. Il s'est tourné vers moi et l'a jetée dans la poubelle. Il n'avait plus de respect pour rien. C'était un calvaire de vivre avec lui chaque jour, dans la même maison que lui, de respirer le même air. Je comprenais les parents qui tuaient leurs enfants. Vers la fin, j'en étais presque rendue là. C'est épouvantable, de vous raconter cela.

M. O., une mère

Chapitre 6

Mon enfance s'est passée dans une situation de pauvreté assez ostensible. Nous dormions à quatre filles dans la même chambre, deux par lit. Nous souffrions souvent du froid et constamment d'une promiscuité malsaine dans des espaces trop restreints. Je me souviendrai toujours que je me jurais d'avoir un jour ma chambre et une immense maison avec vingt pièces meublées de lits à baldaquin et de vaporeux voilages immaculés dans les fenêtres.

Cette obsession de vouloir posséder un jour un château s'est concrétisée et ma vie avec Vivianne s'est toujours déroulée dans une superbe résidence familiale que j'ai rénovée à coups de milliers de dollars. Je l'avais achetée dès sa naissance. À l'extérieur comme à l'intérieur, de la cave au grenier, notre demeure ancestrale était absolument magnifique. Chaque sou que je pouvais mettre de côté, je l'investissais pour une décoration, de la peinture, une piscine, une moulure, un tapis, un bain à pattes, de la literie soyeuse, une œuvre d'art… J'ai vraiment investi à la fois tout mon cœur et tout mon argent pour que cette demeure devienne un cocon attirant, un nid familial douillet où il fait bon vivre, se retrouver et surtout revenir.

Par leur beauté et leur décoration de bon goût, ma cuisine et ma salle de bain auraient pu poser dans les plus prestigieuses revues de décoration. En outre, les rideaux, les bibelots, la salle de télévision, tout était simplement féerique. Ceux qui mettaient les pieds chez nous l'affirmaient unanimement: notre demeure était une perle architecturale décorée avec un soin avisé.

La seule voix discordante était celle de Vivianne.

Sa chambre à coucher était une soue que même les porcs n'auraient pas voulu habiter. Pendant des années, pas une journée n'a passé sans que je l'implore de ramasser un peu. Si j'atténue mon propos en ajoutant «un peu», c'est que, avec le temps, les cris et les scènes horribles, j'avais développé le réflexe de ne pas trop lui en demander pour ne pas la provoquer.

Pas un seul centimètre de son plancher en pin verni n'était visible tellement il y avait de trucs et de saletés par terre. Et que dire des vêtements, des papiers, des mouchoirs et autres objets dégoûtants qui s'amoncelaient, telles des pyramides de déchets, sur tous les meubles magnifiques qui avaient jadis harmonieusement orné cette pièce!

En quittant sa chambre, elle ne replaçait jamais, au grand jamais, les couvertures et les coussins sur son lit. Ses arguments? Elle allait se recoucher le soir et je n'avais qu'à fermer la porte, à ne pas aller fureter là comme une fouine et surtout à me mêler de mes affaires.

Toutes ces injures et impolitesses, elle les proférait tout simplement, sans retenue aucune. Créative, elle en inventait que je n'avais jamais entendues, même dans les films. «Mauvaise race de folle et fin de peuple», m'a-t-elle jappé un jour que j'avais gentiment exigé d'elle qu'elle referme le couvercle de la poubelle parce que les odeurs emplissaient la maison et que les bactéries avaient tout loisir de se propager.

— Mêle-toi donc de tes affaires, conasse! Ta gueule, maman! T'es vraiment l'enfer, t'es une pétasse. Un croisement à exterminer.

Ces injures me rendaient malade. Même après les avoir reçues comme des coups de marteau ou de poignard et entendues mille fois, la douleur et la cruauté des mots me brûlaient toujours le cœur. Je n'arrivais vraiment pas à m'y habituer et n'en ai jamais accepté aucune. Même si c'était aussi inutile qu'épuisant, je rétorquais toujours que c'était impoli et très méchant de parler ainsi à sa mère, qu'il s'agissait d'un manque de respect insupportable. J'avais alors l'impression d'être un vieux perroquet sénile, mais je n'ai jamais lâché.

Un samedi après-midi, attirée comme un raton laveur par une odeur de nourriture pourrie, je suis entrée dans sa chambre. C'était l'horreur. J'ai explosé. Dans un accès de rage ou de tristesse – il m'est difficile d'identifier avec précision les émotions qui m'ont submergée à ce moment-là, et encore plus difficile de les décrire avec des mots –, j'ai enfoui en pleurant toutes les traîneries dans des sacs verts que j'ai empilés dans la garde-robe. Après, je me suis sentie drôlement bien.

Pas un mot, ni de sa part ni de la mienne, ne s'est prononcé à ce sujet pendant des jours. Un à un, elle ressortait simplement les choses dont elle avait besoin et lançait ceux qui ne l'intéressaient pas sur le sol au fur et à mesure. J'aurais dû tout vendre aux enchères ou sur le site Ebay. J'aurais dû tout balancer par la fenêtre : le lit, les tiroirs, les affiches, les vêtements, le passé.

En repensant à son enfance, je n'en reviens pas quand je me rappelle les crises qu'elle piquait lorsqu'une de ses poupées avait un cheveu, un bout de jupe ou un accessoire placé de travers. Enfant, Vivianne était presque obsédée par la propreté qui devait régner sans partage dans sa chambre rose de princesse. Tout devait être en ordre, bien placé, droit et harmonieux. Je me revois aller l'embrasser le soir, dans son havre de joliesse.

Maintenant, si j'avais osé entrer dans cette porcherie, sans doute me serais-je blessée en essayant d'enjamber ce fouillis, ou bien je me serais perdue à travers les saletés et les piles de vêtements presque raidis, tellement ils avaient besoin d'être lavés.

Pendant quelques années, je n'y ai pratiquement pas mis les pieds. Pour laver ses draps et ses couvertures, et ainsi insuffler un brin de fraîcheur à ma santé psychologique, j'engageais une femme de ménage. Moi, ça me perturbait et j'aurais plutôt eu le goût d'incendier cette pièce qui me rappelait tant de mauvais souvenirs. Je n'avais qu'à regarder les manivelles cassées des châssis pour revivre les centaines de fugues nocturnes de Vivianne.

Par grand froid, souvent le système de chauffage s'emballait. Invariablement, elle s'était éclipsée comme une voleuse en laissant la fenêtre ouverte et l'air glacial s'engouffrait par l'ouverture. J'avais beau calfeutrer, payer pour réparer les verrous, cadenasser, il n'y avait rien à faire; elle cassait tout sans aucune retenue, quand le besoin ou la fantaisie de disparaître la prenait. Combien de nuits me suis-je levée en sursaut pour me retrouver ahurie devant des rideaux battant au vent et un lit vide!

Je n'osais plus faire allusion à cette chambre qui me donnait la nausée dès que j'y mettais le bout du nez. J'aurais sans doute vomi, si j'avais dû dormir une nuit dans ses couvertures infestées par les acariens. Une nuit, alors que j'étais fiévreuse, je fis un cauchemar dans lequel j'essayais de m'endormir dans ses draps.

Vivianne riait très fort d'un rire diabolique et s'amusait à sauter sur le matelas et sur mon ventre. À mon réveil, le lendemain, on aurait dit que je m'étais mutilée, tant je m'étais grattée sur les bras et les jambes. De plus, j'étais éreintée et j'avais mal partout, comme si on avait frappé tous mes membres avec un bâton, comme si un wagon m'avait roulé sur le corps.

Avec sa pancarte «*DO NOT ENTER*» placardée de travers sur sa porte, les longues traces de feutre noir et les mille et une affiches collées sur les murs, dont celles de quelques nouvelles idoles monstrueuses et démoniaques, sa chambre était comme un cachot où auraient crevé les plus épouvantables reines sanguinaires de l'histoire.

Elle me faisait penser à la dame sanglante de Csejte, Elisabeth Báthory, qui aurait assassiné plus de six cents jeunes filles, mais à qui on ne fit pas de procès à cause de son origine noble. On se contenta de l'assigner à résidence et elle fut confinée dans une seule pièce de son château jusqu'à sa mort, en 1614. Si cette meurtrière était revenue en raison d'un repli du temps, ça aurait été dans la chambre de Vivianne que sa sentence aurait été la plus cruelle. Enfermée là avec les milliers de vêtements sales, les mouchoirs souillés et raidis, les restes de nourriture, la poubelle contaminée, la pourriture de ses trucs de droguée, la comtesse aurait péri d'une épouvantable gastroentérite, dans les nausées les plus douloureuses.

Insalubre en permanence, la chambre de Vivianne jurait avec ma maison, comme ces greniers ou ces caves qu'on condamne à jamais à cause des odeurs de ranci et de moisissure, ou parce que quelqu'un s'y est suicidé. Quand on me visitait, je prenais bien soin de fermer la porte et mentais en affirmant que c'était une salle de débarras, un endroit que je n'avais pas eu le temps d'aménager.

Vivianne a pourtant passé la majeure partie de son adolescence dans cet antre de la mort indescriptible. Après son départ, j'ai lavé, décrotté et désinfecté la chambre, qui n'en est plus une, aujourd'hui. J'y ai vaporisé de la sauge pour chasser les démons, j'y ai allumé des chandelles et fait griller de l'encens. Les fenêtres ont été réparées, les rideaux changés, les murs repeints. Il ne reste rien d'elle. J'ai tenu à tout y effacer du passage de Vivianne qui n'y avait pas été elle-même. J'ai voulu tracer une croix définitive sur ces années ténébreuses, polluées de mauvais souvenirs.

À un certain moment, j'ai cessé de poser des questions, j'ai arrêté de chercher des réponses. Je n'en pouvais plus de découvrir, les unes après les autres, des horreurs sans nom. C'est ainsi que j'ai commencé à lâcher prise, en essayant de me convaincre que je m'en foutais.

A. D., mère de deux toxicomanes

Chapitre 7

Comme je n'entrais que très rarement dans sa chambre, je ne pouvais pas vraiment prendre conscience de tout ce qu'elle consommait, hormis les amphétamines et le cannabis. Les bouteilles d'alcool vides et renversées un peu partout me prouvaient aussi qu'elle buvait tout ce qui lui tombait sous la main. À quelques reprises, j'ai trouvé des objets dégoûtants et empuantis par des résidus de drogue. Il m'en a fallu, du temps, avant de réaliser que les grosses bouteilles en plastique de boissons gazeuses coupées en deux lui servaient d'inhalateurs pour fumer du haschisch ou du cannabis. Les contenants empestaient tellement la fumée que je me demandais parfois s'il n'y avait pas le feu quelque part dans la maison. Il en a fallu, des couches de peinture et du temps, pour supprimer définitivement toutes les traces de ces fumées et de ces émanations abjectes.

Quand j'étais certaine qu'elle se droguait dans sa chambre, je ne peux dénombrer les crises que j'ai piquées et les hurlements que j'ai proférés pour que ça cesse. Embarrée, ou plutôt cadenassée dans sa porcherie, elle me beuglait les plus incroyables mensonges, doublés d'insultes vomitives.

Le film *L'Exorciste* pourrait fort bien imager les débordements de Vivianne quand elle s'avisait de m'injurier. Elle n'avait vraiment plus aucun frein. Comme le personnage de ce film d'horreur, Vivianne était hantée par un démon. Elle dégorgeait et crachait de visqueux crapauds verts et des serpents venimeux sur moi.

Si je la questionnais sur tel ou tel objet étrange que j'avais retrouvé, ou sur tel ou tel soupçon qui me venait, la bataille verbale éclatait. Nous évoluions comme dans une guerre interminable, barbare et sanglante. Vivianne lançait les mots injurieux et blessants comme des boulets de canon, des flèches ou des roquettes.

— Sors! Sors donc! Je ne fais rien. Laisse-moi donc tranquille! Mêle-toi donc de ce qui te regarde. T'es une paranoïaque. Tu vois de la dope partout.
— Il y a de la fumée qui sort de sous ta porte, Vivianne, dénonçais-je, la voix haute.
— Je fume une cigarette; je rejette ma

fumée dehors, par la fenêtre ouverte. Je n'ai pas droit à ça non plus, je suppose? Tu surveilles tout. Je vais m'en aller de cette maudite maison de religieuse! Je n'ai plus le droit de vivre, ici. C'est une prison. C'est difficile, la vie avec une maudite folle comme toi à ses trousses.

Avec le temps, chantait Léo Ferré, *avec le temps, va, tout s'en va*. Je travaillais fort sur moi-même pour ne pas lui garder rancune après ces scènes épuisantes, pour me convaincre que ce n'était pas elle, que c'était la drogue et que ma fille, celle qui était emprisonnée à l'intérieur et que j'avais tant aimée, était partie. À jamais. Dans un autre monde.

Je ne connaissais rien à tout le bataclan, au bazar illicite qui instrumentait sa dépendance, les pipes, les pailles, les tubes, les dollars roulés, les ceci, les cela… J'étais une parfaite néophyte au départ, mais, aujourd'hui, je pourrais donner une conférence intitulée *Les objets de consommation et moi*.

« *La peur mène à la colère, la colère mène à la haine, la haine mène à la souffrance.* » *Quand j'ai entendu cette phrase dans le film* Star Wars, *mon fils unique venait de se suicider. Ça s'était passé quelques jours auparavant seulement. Je me dis que ces mots résument bien ce qu'il éprouvait pour lui-même et que les blessures de l'enfance mènent à de bien grandes souffrances.*

M-M. C., un père

Chapitre 8

Évidemment, les amoureux drogués se suivaient à la queue leu leu. «On attire ce qu'on est», prétendait souvent ma grand-mère. Vivianne attirait donc des abjections qui endossaient les mêmes valeurs qu'elle. Des drogués. Des voleurs. Tous menteurs comme des arracheurs de dents.

De Pierre à Samuel, en passant par Mathieu ou Ringo, ils étaient tous des étrons ambulants de toutes les grandeurs et avec les yeux et les cheveux de différentes couleurs et longueurs. Parmi tous ceux qui ont fréquenté Vivianne, je ne peux dire lequel était le plus détestable. Je ne pourrais pas vraiment décerner le prix du plus haïssable, mais ils me faisaient tous ressentir l'envie de les tuer. C'était vraiment un désir qui me tiraillait. Je pourrais en parler toute une nuit sans m'arrêter.

Pourtant, si j'avais eu un permis légal pour en tuer un, je n'aurais pas été bien embêtée de choisir lequel. J'aurais opté pour celui qu'elle a fréquenté durant trois ans, alors qu'elle avait entre quatorze à dix-sept ans. Il fut pour mon âme un véritable martyre, une lourde croix à porter, comme si j'avais à expier le massacre d'un pape ou d'une sainte que j'aurais commis dans une vie antérieure. C'était un karma, de le supporter dans mon entourage. Je le méprisais si profondément que cela me faisait presque mal quand il me dévisageait stupidement, avec son sourire de débile que ses dents intégralement pourries rendaient insoutenable et ses yeux d'épagneul alcoolique au bord du delirium tremens.

Quand j'en avais le courage, j'observais sa bouche quand il l'entrouvrait. C'était comme si des bouts d'allumettes brûlées avaient été implantés dans ses gencives. Quand il souriait, en grognant légèrement comme un australopithèque perdu loin de son siècle, c'était un spectacle d'épouvante indescriptible. «Il abusait de la permission que les hommes ont d'être laids», avait écrit Marie de Rabutin-Chantale, dite la Marquise de Sévigné, le 5 janvier 1674. Cette marquise avait sans doute croisé l'amoureux de Vivianne, à ce moment-là. Dans son voyage à travers le temps, ce nigaud insignifiant effilé comme une échalote a dû se promener allégrement dans le XVIIe siècle. Il devait assurément s'y sentir à l'aise, car les gens avaient peur de l'eau et ne se lavaient pas, à cette époque. Ainsi, l'écrivaine française n'a pas eu besoin d'autre inspiration pour écrire cette phrase immortelle. J'imagine qu'il était en train de commettre un délit ou un mauvais coup, comme de voler dans un marché public.

Ce dadais purulent était une chenille, un cloporte, une mante religieuse handicapée aux mœurs voraces. C'était une putréfaction, un cadavre en vacances. Je craignais de le croiser dans ma propre maison. Quand ça arrivait, je sursautais à chaque fois comme si je venais d'apercevoir le diable. Avec son éternelle casquette collée sur le crâne, la visière derrière, et ses cheveux longs frisottés écrasés de chaque côté du visage, il ressemblait étrangement à une belette hypocrite.

Si j'étais en train de couper des légumes, des saucissons ou une salade, peu importe l'aliment pourvu qu'un couteau fût nécessaire, l'idée de l'attaquer sauvagement et de l'étriper me traversait l'esprit comme une image subtile diffusée dans une publicité subliminale. J'aurais payé pour qu'il meure. Un accident, c'est si vite arrivé! Et quel excellent moyen d'épurer la planète, me persuadais-je!

Rapport à la drogue, ce spécimen en affichait presque tous les effets néfastes à long terme, enfin ceux qu'on pouvait constater de visu. Ils se répercutaient sur sa dégoûtante enveloppe charnelle. Ainsi, il avait de graves problèmes de peau, sans doute irréversibles. Son visage était marqué de trous de manière définitive, comme un vieux fromage saccagé par une souris. Toute sa vie, il aurait la peau d'un drogué et c'était son choix. Il ne revenait pas d'un quelconque lieu de torture comme d'un camp de la mort nazi; non, il avait vraiment résolu de détruire lui-même son corps et son cerveau.

Le bel étalon de Vivianne en était rendu là, et plus bas encore. On aurait dit qu'il avait les deux pieds au bord du gouffre de la mort. Ses mains tremblaient comme s'il avait été au dernier stade de la maladie de Parkinson. Il était incapable d'allumer sa cigarette avec un briquet, vu ses tremblements trop intenses qui l'empêchaient de tenir le mégot. Je le voyais fumer sur mon balcon. Je l'observais parfois en faisant non de la tête, tellement je n'en revenais pas de cette déchéance dans laquelle il s'enlisait volontairement. Il fumait dehors, même par des froids sibériens. C'était radical, personne n'avait le droit de fumer dans ma maison, et surtout pas lui. Je n'avais pas de pitié. Évidemment, quand je rentrais après quelque absence, Vivianne et lui avaient grillé des cigarettes dans la maison, mais le leur faire avouer aurait été un tour de force dont je ne me sentais pas capable.

Au-delà de ce qui était visible, je ne pouvais me rendre compte de la décalcification qui affectait certainement ses os. Il avait sans aucun doute de graves problèmes nutritionnels, étant donné sa consommation abusive, garante d'une alimentation parfaitement déréglée. Ce problème est largement répandu chez les drogués, qui tantôt dévorent le garde-manger comme des ogres, avec les portes et les pentures, tantôt passent des jours sans absorber la moindre nourriture, car l'appétit n'y est pas. Certains jeunes sont de véritables squelettes vivants.

Je ne pouvais pas évaluer non plus chez l'amoureux de Vivianne les palpitations cardiaques, les carences vitaminiques et les ravages dus aux troubles du sommeil. De plus, l'usage régulier d'amphétamines peut aussi causer des psychoses, des hallucinations, des délires, de la paranoïa et un comportement étrange et violent. Vivianne aussi en était rendue là. C'était d'ailleurs pour ça que je me consolais et me rassurais, d'une certaine manière : rien de tout ce qui se passait ne venait véritablement d'elle, de son moi profond.

Quand les circonstances s'y prêtaient, j'expliquais les ravages de la drogue à Vivianne. Je lui donnais en exemple la peau du visage de son ami. Mais rien n'arrivait à la toucher. Ma fille argumentait et prétendait que c'était là un problème héréditaire dans la famille de son copain, et même qu'un de ses oncles était mort des suites d'une maladie de peau.

Quand ma fille et lui s'embrassaient devant moi, leur langue vrillant comme des perceuses surchargées, je plissais les yeux de dégoût et leur imposais un minimum de respect. Mais, au-delà de la décence, comment arrivait-elle à aimer, à toucher cet avorton que je n'osais qualifier d'humain, déjà moisi de son vivant? Il était menteur, gelé en permanence, sale et puant. En plus, il pensait tout savoir.

Dans ses rares moments de sobriété relative, alors qu'il parvenait à articuler assez distinctement pour être compris, il devenait médecin, astronaute, physicien, enseignant, géologue, jardinier, chef cuisinier, conférencier international et que sais-je encore… Coupant la parole à quiconque, il débitait alors toutes sortes d'absurdités pour épater la galerie et montrer qu'il était là et qu'il savait, lui, contrairement à son auditoire. Je regrette maintenant de ne pas avoir enregistré toutes ses âneries, ses balourdises et ses stupidités; cela constituerait sans doute un recueil humoristique de haut niveau.

—Il est possible qu'une mouche se casse une jambe ou un bras, c'est une vertébrée, avait-il balancé le plus sérieusement du monde, alors que lui et Vivianne, gelés comme des barres, faisaient semblant de visionner un reportage sur les insectes.

—Si je te comprends bien, les mouches ont un squelette avec des os constitués et composés exactement comme ceux des êtres humains? l'avais-je questionné comme si je m'étais adressée à un scientifique de renom.

Le pire, c'est qu'il m'a fait un exposé de plusieurs minutes, comme si tel avait été le cas. Il dissertait sur le fait que les mouches ont des os si minuscules et microscopiques que les chercheurs ont toujours été incapables de les plâtrer. Que de folies! Un soir, je suis sortie avec une copine et nous avons beaucoup rigolé en nous imaginant un cimetière de mouches et des béquilles pour ces insectes aux pattes cassées comme des canards.

Les amoureux de Vivianne s'exprimaient tous de façon monosyllabique. De phrase courte et pauvre en phrase courte et pauvre, de grognement en grognement, ils me confortaient unanimement dans ma certitude qu'un corps pouvait exister sans âme. Il m'est arrivé parfois de croiser les parents de ses amis de cœur. La plupart du temps, il s'agissait de gens bien, souriants, travailleurs et sympathiques; on pouvait penser qu'ils avaient trouvé leur fils dans une poubelle. Je me demandais même si les médecins qui avaient accouché leur maman n'avaient pas jeté le bébé et gardé le placenta qui avait pris vie et qui avait été baptisé sans que personne ne se soit aperçu du subterfuge.

Tout mon entourage me donnait raison et endossait ma haine. Ma mère, mes sœurs, mes frères, mes amies comprenaient dans quelle situation insupportable je me trouvais et me plaignaient de devoir endurer la présence de personnages aussi peu ragoûtants dans mon environnement. Je devais même éviter que l'un de mes frères aînés rencontre un spécimen de ces amoureux de pacotille lors des rassemblements familiaux où il y avait de l'alcool; dans ces cas-là, l'agressivité montait en escalade. À chaque rencontre, Vivianne présentait son épave de service et mon frère, qui avait toujours pris ma défense comme un guerrier, le regardait invariablement avec des yeux chargés de haine et de colère. S'il prenait un verre, il devenait pratiquement dangereux. Il fallait le retenir pour l'empêcher de clouer les amis de Vivianne sur le mur.

Un soir de Noël, alors qu'il venait d'apprendre que le copain de Vivianne l'avait battue, il l'avait poussé dans le sapin et lui avait juré qu'il était très chanceux de ne pas mourir, que c'était Noël, heureusement, et qu'il fallait être gentil. Ma mère pleurait et mes sœurs étaient mortes de peur.

Les choses dégénéraient toujours ainsi. De telles scènes disgracieuses se sont répétées jusqu'à ce que je n'organise plus rien et que je ne sois plus invitée nulle part. Je sais bien, au fond, qu'on m'évitait le plus possible. Je traînais avec moi la déchéance de ma fille et les miasmes des loques humaines qui gravitaient autour d'elle. C'était comme si leur damnation finissait par déteindre sur moi.

— Tu veux encore des nouilles? avais-je demandé à un de ces jeunes hommes des cavernes.

— Ouais te plaît! avait-il grognonné subtilement.

Il fallait traduire.

— Tu sais prononcer la lettre i du mot oui ou le son on de non? As-tu déjà essayé? On, tu sais les sons on, in, un, an? Des voyelles nasales! Tu saurais les prononcer?

— Oua!

Je profitais du fait que Vivianne s'était absentée quelques minutes durant le repas pour me muer en institutrice de la maternelle.

— Pas oua! Oui! On essaie ensemble, tous les deux? avais-je suggéré.

«Il est issu de la tribu des Wabella, avait

ironisé une vieille tante dégourdie. Il n'est capable que de dire "ouais ben là"!» Elle en avait vu d'autres; ses deux fils avaient connu de sérieux démêlés avec la justice. Elle les avait vus plus longtemps derrière les barreaux d'une prison que derrière ceux de leur berceau.

Durant toutes les années lancinantes de ses éternelles fréquentations, il m'arrivait de n'en pouvoir vraiment plus de la présence de ces jeunes hommes paresseux qui empoisonnaient mon air, qui empuantissaient tous les coins de ma demeure et de mon être. J'étais obligée de les recevoir, de respirer le même air qu'eux, de les entendre grognasser. J'étais condamnée à les tolérer sur mon sofa, à les regarder trifouiller dans mon réfrigérateur avec leurs mains sales. Ils déféquaient dans mes toilettes et oubliaient parfois d'actionner la chasse. Je suffoquais. Vraiment! Pour me calmer, je me prélassais des heures dans des bains chauds. Je m'étais mise également à pratiquer le yoga pour faire se relâcher la haine et la tension qui me tordaient les entrailles. Je n'avais pas été élevée à éprouver de tels mauvais sentiments.

Des massages, de la réflexologie, des séances d'acupuncture, des pierres chaudes, de l'aromathérapie… J'ai tout essayé pour me raisonner et regagner la paix intérieure, celle qui m'avait toujours habitée avant et qui avait fui quand la drogue était entrée dans ma vie.

Vers la fin, il en était venu à faire des choses bizarres. Il perdait la mémoire, comme un vieillard qui souffre de la maladie d'Alzheimer. Par exemple, une fois, il avait placé le porte-ordures dans le lave-vaisselle; et il dormait avec un balai. Il était fou.
J'avais peur qu'il me tue.

Maryse, une mère

Chapitre 9

Trois mois. À l'époque où Vivianne était encore soucieuse de son hygiène, ce fut le temps qu'il me fallut pour faire en sorte que cessent ses douches interminables. Je dus pour ça découvrir et mettre au point une solution originale.

Petit à petit, elle s'était mise à se laver, à se frotter indéfiniment, jusqu'à ce que le pain de savon y soit passé et que les réserves d'eau chaude soient taries pour des heures. J'avais beau frapper à la porte de la salle de bain, lui demander gentiment d'abréger la séance ou m'adresser à elle en hurlant, rien n'y faisait. Je parlais à une porte derrière laquelle un monstre d'indifférence avait décidé de prendre une douche en paix.

Je me suis aperçue de sa folie le jour où je suis passée dans la salle de toilettes tout de suite après une de ses séances de récurage. À ma grande stupéfaction, il ne restait pas de savon, sinon une minuscule galette gluante collée au fond de la baignoire. Pourtant, je venais à peine d'en sortir un nouveau pain pour le déposer dans le savonnier. Vivianne avait passé au travers, elle l'avait utilisé dans son entier en une seule fois. Tant qu'il y en avait eu, la douche s'était prolongée.

C'est ainsi que j'en suis venue à couper les savons en quatre. Ce ne fut qu'à ce prix que je me donnai la chance de disposer de quelques gouttes d'eau chaude durant les heures suivantes.

Cette obsession pour l'utilisation du savon n'est là qu'un geste parmi bien d'autres qui m'ont permis de me rendre à l'évidence : Vivianne commençait à être mentalement atteinte.

Quand je me suis enfin décidée à le mettre à la porte — cela a dû me prendre cinq bonnes années —, j'ai rempli des sacs et des valises et je les ai déposés sur le balcon. Après avoir fait changer la serrure, j'ai verrouillé la porte et fermé les rideaux et les toiles. Il a frappé violemment contre la porte pendant une bonne heure. En pleurant, j'ai bouché mes oreilles et attendu qu'il parte. C'est la plus belle décision que j'ai prise de ma vie, que j'ai d'ailleurs peut-être sauvée cette nuit-là. C'était moi ou lui.

Maryse, une mère

Chapitre 10

Quand elle eut quinze ans, j'étais sur le point d'exploser tellement la situation n'avait plus de sens. Vivianne consommait tous les jours. Elle avait maigri, ne mangeait plus et rentrait à la maison en reniflant, les yeux exorbités, faisant de grands moulinets des bras comme un agent de la circulation à un carrefour très achalandé.

Après deux ans où j'avais été plus ou moins consciente du problème de ma fille, j'ai demandé l'aide des services sociaux. Dès mon entrée dans ce monde, j'ai été étiquetée de toutes les façons imaginables. Selon mon dossier et celui de Vivianne, j'étais peut-être violente, dépendante affective, irresponsable, schizoïde. Les intervenants cherchaient en moi la ou les causes de la situation déplorable de Vivianne, qui paradoxalement n'avait pratiquement rien à voir là-dedans. Les travailleurs sociaux, les psychologues et les éducateurs me proposaient de me questionner afin de comprendre ce qui s'était passé pour que les choses aient si mal tourné. Selon eux, j'étais inévitablement et en majeure partie responsable de l'état lamentable dans lequel se trouvait ma fille.

—Il faut qu'elle apprenne à gérer sa consommation, et votre rôle est de l'accompagner à travers ce processus, m'avait lancé une psychologue condescendante qui s'adressait à moi comme si mon quotient intellectuel avait été sous la barre de celui du débile léger.

Je sais que ces gens étaient animés par l'intention de m'aider autant qu'ils le pouvaient. Ils agissaient au meilleur de leurs connaissances, mais, honnêtement, j'avais beaucoup de difficulté à conjuguer avec eux.

—Gérer sa consommation? dis-je à la travailleuse sociale qui me jaugeait avec le sérieux réprobateur d'un pit-bull, les dents et les grognements en moins. Si Vivianne avait un problème de vol à l'étalage, madame, il faudrait qu'elle apprenne à gérer ça alors que c'est illégal? Que devrais-je lui conseiller, pour l'accompagner? «Ma chérie, tu peux voler, mais seulement un truc aujourd'hui, pas deux! Il ne faut pas exagérer!» Évidemment, comme elle doit gérer sa consommation, elle peut prendre un speed par jour, pas deux! C'est ça, madame? Fumer deux joints, pas trois! Vivianne doit gérer ses actions illicites. Absurdes! Vos propos sont absurdes, madame!

Au fond, vous banalisez son problème. Elle peut, mais pas trop!

J'avais aussitôt empoigné mon sac à main pour déguerpir au plus vite de ce bureau.

— Vous prenez trop de place dans sa vie, madame, m'avait rétorqué une éducatrice après que je lui eus confié mes angoisses et mes crises de larmes nocturnes quand ma fille fuguait. Vivianne a aussi son identité!

Je lui avais confié, comme à une amie, à quel point je me sentais impuissante et mortellement inquiète dans ces moments-là. Je lui avais raconté les sueurs et les palpitations cardiaques d'une mère désemparée.

Les intervenants me conseillaient d'appeler la police si je m'apercevais qu'elle avait déserté son lit. Pendant des mois, elle a fugué à de nombreuses reprises. Je montais alors dans la voiture, nerveuse comme un caniche, aveuglée par les larmes, et je sillonnais les rues de la ville dans l'espoir de la trouver. C'est fou, les risques que je prenais en conduisant dans un tel état d'angoisse, la vision tout embrouillée.

Je l'ai retrouvée souvent, mais que d'humiliations j'ai dû subir devant les monstres qu'elle fréquentait! L'un d'entre eux, en plus d'être d'une laideur inoubliable, sentait aussi mauvais qu'un fauve, si bien que son odeur de sueur et d'haleine pas fraîche bravait le vent pourtant fort et formait comme une grosse bulle dans laquelle il marinait.

Une nuit, alors que le thermomètre affichait -35 degrés Celsius, je l'ai vue qui avançait sur le trottoir, les pieds chaussés d'espadrilles et les bras fermement croisés sur son ridicule manteau de printemps qui fendait au froid. Il faut dire que, avant de m'endormir, j'avais caché ses bottes et son manteau d'hiver dans ma chambre, tout près de mon lit, pour qu'elle ne se sauve pas. De telles stratégies ne l'arrêtaient nullement. Ainsi vêtue, elle bravait le froid en grelottant, mais cela ne l'empêchait pas de ricaner avec ce type.

— Monte dans la voiture, s'il te plaît, Vivianne. Tu vas mourir gelée.
— Non, va donc te faire foutre, fatigante! Maudite voleuse de manteau! Maudite piqueuse de bottes!

Elle se tourna vers son ami pour expliquer :

— Tu te rends compte, elle a caché mes bottes et mon manteau!

— Monte, Vivianne, ai-je répété.

— T'es toujours en train de me surveiller, maudite fouine. J'aime bien mieux mourir que d'aller dans ton auto de merde, me criait-elle avec la fumée du froid qui sortait de sa bouche et qui m'empêchait d'entrevoir les expressions de violence et de haine sur son visage.

Je roulais très lentement en la suivant pas à pas et en la suppliant de monter dans la voiture par la fenêtre ouverte, comme si j'avais été un chien battu. Je la suppliai tant qu'elle finit par céder. C'est le cas de le dire, elle était gelée dans les deux sens du terme. Mais le froid de l'hiver prenait le dessus sur celui de la drogue.

Parfois, quand ses fugues duraient trop longtemps et que la fatigue épuisait mon moral, je téléphonais aux policiers qui la conduisaient dans un centre pour les jeunes délinquants qui la gardaient un temps sous surveillance. Elle vivait alors les seuls moments de son adolescence où elle était véritablement à jeun. Je profitais de ces semaines où elle était internée pour lui rappeler comme elle était gentille, avant. Je tâchais de lui faire réaliser à quel point la drogue l'avait brisée. Je lui rappelais les bons moments que nous avions vécus ensemble, nos voyages, ce passé où nous étions complices. Souvent, j'ai pleuré en lui demandant si sa consommation la faisait souffrir, si c'était ma faute. Vivianne pleurait avec moi. Dans ces rares moments, après m'avoir pardonné d'avoir téléphoné aux policiers, elle pouvait analyser la situation et m'expliquer en partie sa souffrance.

C'était difficile. Elle ne voulait pas fouiller, me disait-elle. Elle ne souhaitait pas creuser la tombe de son passé. Elle prétendait que de vouloir comprendre pourquoi elle consommait lui faisait trop de mal à l'intérieur.

—Je sais que j'ai changé, maman, m'a-t-elle confié un jour. Je sais aussi que je suis une peste, mais, je te le jure, je ne pense pas que ce soit ta faute!

Parfois, elle allait dans des familles d'accueil où des responsables l'hébergeaient quelque temps. Ces moments étaient bénéfiques pour moi. Ils m'accordaient un peu de répit et me permettaient surtout de récupérer un peu du sommeil perdu. Aussi, de passer des nuits blanches à me bercer en espérant qu'elle revienne bientôt ne me manquait pas.

Il est arrivé souvent que celui qui l'hébergeait me contacte pour me dire qu'il ne pouvait plus supporter ses fugues, son intolérable impolitesse et ses sautes d'humeur spectaculaires. Il fallait alors la changer de maison, mais elle restait toujours la même enfant odieuse, aux prises avec de sérieux problèmes de consommation.

Les périodes pendant lesquelles elle était absente de ma vie m'ont apporté un peu de paix, mais elles m'ont coûté une fortune et n'ont rien changé au comportement déviant et à l'attitude de Vivianne, sinon que c'était toujours pire à chaque retour. Elle n'avait plus peur de rien et se foutait de toute autorité. Elle mâchait sa gomme nonchalamment, avec ses anneaux dans le nez et sur les sourcils. J'avais parfois des envies de la boxer, de cogner sur elle à poings nus, comme Rocky Balboa sur sa pièce de viande.

Je ne peux expliquer l'inexplicable, mais si je voulais donner l'idée exacte de ce qu'on ressent quand notre enfant se drogue, je dirais que les sentiments éprouvés sont les mêmes que lors d'un deuil. Un jour, j'ai perdu mon père et mon frère dans un écrasement d'avion. La tristesse est similaire et il n'y a rien à faire pour la calmer... Sinon attendre.

N. T., une mère

Chapitre 11

Ma fille a fini par quitter la maison. J'aurais dû être soulagée qu'elle débarrasse les lieux de sa présence, mais mon inquiétude ne fit qu'augmenter de quelques crans encore. Elle était bien trop jeune et elle emménageait avec le débris qui lui servait d'amoureux dans un loyer qui avait presque tout du taudis.

Un après-midi, sur des airs de musique salsa qui me permettaient de retrouver une certaine gaieté, j'avais cuisiné des pâtés au saumon. Ils étaient tout à fait succulents, juste à point. Affublée de mon tablier fleuri, le nez saupoudré de farine, j'avais réussi à préparer une pâte bien dorée qui donnait un look de cartons de recettes à mes chefs-d'œuvre culinaires. Des betteraves maison bouillies et vinaigrées accompagnaient ce mets. J'entrepris, avec toute la générosité dont j'étais capable, d'aller livrer deux de ces superbes pâtés chez Vivianne. Elle adorait ce plat depuis qu'elle était petite et je me faisais une joie de lui procurer ce plaisir.

Quand j'ai frappé à la porte du logement qu'elle partageait avec son copain, celui-ci, en slip, avec ses interminables jambes maigres et poilues, la casquette vissée sur la tête, m'a répondu que Vivianne n'était pas là.

— J'ai deux beaux pâtés au saumon pour vous, m'efforçai-je d'annoncer avec un sourire et un timbre de voix si bien mimés qu'ils frisaient sans doute la perfection.

— Pas ain, grogna-t-il.

Ce marmonnement signifiait qu'il n'avait pas faim, parvins-je non sans mal à percevoir avec mon oreille de lapine.

— Vous pourrez les faire congeler et les manger plus tard, suggérai-je gentiment.

— Pas ain, répéta-t-il en me claquant la porte au nez.

Je restai plantée là, avec les pâtés dans les bras et mon sourire de comédienne sur son déclin. Dire que j'avais littéralement écrasé ce qu'il me restait d'orgueil pour me décider à me rendre à cet appartement miteux, uniquement et sincèrement remplie de bonnes intentions! C'est que lentement, à petits pas, par des actions quotidiennes banales, je voulais changer les choses, faire des gestes tendres et aimables qui nous rapprocheraient et nous amèneraient à nous apprécier mutuellement à nouveau.

Les pâtés en main, le visage toujours tourné vers la moustiquaire défoncée, j'eus un soupir long comme le râle d'un moribond. Et, malgré moi, un fantasme puissant, agréable et suave s'imposa à mon esprit. Une violente pulsion m'incitait à rouvrir la porte et à entarter le malotru avec les deux pâtés encore tièdes. J'ai dû rêver là pendant une bonne dizaine de secondes, sur ce qu'on peut à la grande rigueur qualifier de galerie. Le fantasme était si fort qu'il m'était difficile d'y résister et les odeurs de saumon ajoutaient encore à son pouvoir de séduction.

Ainsi donc, à seize ans seulement, Vivianne habitait dans le même trou à rat qu'un de ses amis de cœur. Je ne l'acceptais pas, évidemment. J'étais constamment en guerre avec elle, avec eux, avouerais-je. J'ai tout tenté pour empêcher qu'elle s'engage dans cette vie commune trop précoce et surtout désordonnée et insensée. Ils étaient toujours camés et des dizaines de jeunes toxicomanes squattaient le logement. Les nuits de mauvais sommeil, je passais devant chez eux en voiture et il s'y trouvait toujours un groupe de vauriens qu'on pouvait discerner à travers les fenêtres embuées par la fumée.

Les policiers se rendaient souvent à leur appartement et me téléphonaient, car Vivianne était mineure. J'ai fait de nombreuses tentatives et approches auprès des autorités pour qu'elle soit placée de force dans un établissement de santé, pour qu'elle soit expulsée de cette cambuse. Aucune loi ni aucun règlement ne pouvait me venir en aide. La vie de ma fille n'était pas en danger, elle n'éprouvait pas de problèmes de santé mentale et elle avait le droit de faire ce qu'elle voulait si elle le faisait dans la légalité. De plus, le fait d'avoir de la drogue en sa possession pour sa consommation personnelle ne justifiait pas une arrestation, et ce, même si elle était mineure. Je devais me résigner. Je ne pouvais rien faire.

Dans mes errances nocturnes qui me menaient au centre-ville souvent, il m'arrivait d'être témoin que des jeunes vomissent dehors après avoir ingurgité de trop grandes quantités d'alcools ou après avoir bu ou *calé* des alcools trop purs. Je pouvais les voir à la sortie des bars ou de maisons où il était évident qu'une fête avait eu lieu. Un soir très tard, j'en ai même aidé un qui était étendu en plein milieu de la rue. Ivre mort dans une gigantesque flaque d'urine, il venait de remporter un concours de calage. Cela aurait pu être sa dernière victoire… Quant au squat de drogués où demeuraient ma fille et son amoureux, un événement malheureux y survenait chaque semaine.

Dans mes stratégies pour sauver Vivianne, j'ai aussi tenté d'obtenir l'aide des parents de son copain, mais, comme leur fils était majeur et qu'ils étaient bien débarrassés de lui, ils n'ont rien fait d'autre que de m'insulter et de me raccrocher au nez. Sur la voie étroite du lâcher-prise, ils avaient une étape d'avance par rapport à moi…

Les jeunes amoureux de Vivianne, je n'ai jamais eu de leurs nouvelles une fois qu'ils furent devenus hommes, à une exception près, toutefois. Celui-là, il a connu une mort atroce après avoir littéralement torturé ses parents pendant une dizaine d'années. Des randonneurs ont retrouvé ce qui restait de son corps en forêt. Un manteau encore jaune et un pantalon se balançaient au vent, accrochés à un bouleau. Il s'était pendu là un soir, deux ans auparavant, après avoir fait la fête avec des amis dans la maison de son père où il s'était livré à des déprédations pour des milliers de dollars. Ce jeune homme, je l'ai su plus tard, avait écrit une lettre à ses parents où il leur disait que la mort était le seul moyen qu'il connaissait pour mettre fin à sa souffrance et à sa consommation.

Ceux qui l'avaient découvert avaient d'abord buté sur une paire de souliers. J'imagine la stupeur de ces gens devant le spectacle qui s'était révélé à eux lorsqu'ils avaient levé la tête.

Quant à la mère du garçon, qui a la vie accrochée au corps, elle est sympathique, courageuse et joviale comme pas une. Elle m'a un jour avoué qu'elle avait choisi de vivre et que le deuil de ce fils, esclave de la drogue, avait été fait bien avant qu'elle n'apprenne sa mort. Elle m'a rappelé que son fils était assez vieux pour faire ses choix.

Tous les jeunes hommes que Vivianne a fréquentés m'ont appris un sentiment que je ne connaissais pas avant qu'ils n'entrent dans mon existence. Ils m'ont appris la haine. Avant eux, je n'avais jamais négocié avec elle. On me dit douce, et ces hommes qui faisaient descendre ma fille de plus en plus bas me donnaient des idées que je ne me serais jamais attendue à avoir.

Il faut tout essayer, il faut prier et rendre grâce chaque fois qu'on les voit à jeun. On pense que c'est inutile, on se dit qu'ils ne veulent pas s'en sortir, qu'ils sont bien là-dedans, mais les drogués souffrent. Il faut leur envoyer de la lumière pour chasser leurs démons.

Sonia, une amie

Chapitre 12

J'avais été éduquée au sein d'une famille qui avait des valeurs judéo-chrétiennes, avec des parents aimants. Tout allait pour le mieux dans le meilleur des mondes.

Dès mon jeune âge, mes parents m'avaient appris à prier et à me confesser. Tous, à l'époque, nous avions la ferme conviction que les prières réglaient tout. Les membres de ma famille, et surtout ma tendre grand-mère, m'avaient décrit les principaux personnages de l'histoire sainte qui pouvaient appuyer mes requêtes au bon Dieu. Ainsi, quand les défis, les tourments, les problèmes ou les deuils survenaient, j'implorais Jésus, Marie ou Joseph pour qu'ils me viennent en aide. Je formulais une commande adaptée à la situation et tout s'arrangeait… Comme dans les contes!

L'église de mon village était consacrée au missionnaire Jean de Brébeuf et le saint avait sa statue érigée devant l'édifice. Enfant, prosternée devant elle, je me persuadais presque que je serais l'élue du saint et le témoin d'apparitions, depuis qu'un professeur m'avait raconté l'histoire des enfants de Fatima qui avaient eu la chance incroyable de discuter avec la Sainte Vierge, laquelle leur avait révélé ses trois secrets.

Quand je marchais sur un trottoir, je comptais les craquelures et, si mon pied en touchait une, c'était un signe de Dieu. Si j'arrivais à cracher plus loin que telle ligne imaginaire que je m'étais fixée, c'était également un signe.

Avec les années, en tant que chrétienne accomplie, j'avais établi un coin de prières dans ma maison, qui correspondait à la piété qui exaltait mon cœur. On y trouvait des lampions ardents, des images saintes, des prières, des statues, des chapelets… Mes poches ou mon sac à main contenaient toujours une ou deux médailles qui correspondaient aux besoins du moment. Quand Vivianne et moi partions en voyage, j'enfilais une breloque de Saint-Christophe dans notre cou, censée nous protéger.

Les personnages de l'histoire sainte apportaient chacun leur message particulier. Sans être une illuminée, je connaissais presque par cœur leurs pouvoirs respectifs ainsi que les dates du calendrier où on les célébrait; chaque jour de l'année était l'occasion de rendre hommage à l'un d'eux.

Pourtant, après que je fus sortie de la cellule familiale qui avait bercé mon jeune âge, ma piété a beaucoup tiédi et j'avais fini par ne plus guère tenir compte des prescriptions de la religion.

Et, avant que Vivianne ne rencontre ses anges noirs, je n'avais plus ressenti à nouveau le besoin d'une dimension spirituelle dans ma vie. Je vivais un quotidien assez paisible et l'existence me le rendait bien. Mon impuissance face à la drogue et le peu d'aide sur laquelle je pouvais compter de la part de mon entourage a réveillé chez moi le réflexe de m'adresser au ciel.

Sans exagérer, je priais. Je confiais ma fille à la Sainte Vierge quand j'étais à bout de force. Dans les pires moments, les séances de recueillement m'ont sauvée de la dépression nerveuse, sans doute à cause des respirations profondes, de la détente et de l'apaisement que suppose la prière.

—Je te confie ma fille, Marie. Je n'ai plus

la force morale de m'en occuper. Envoie-lui la lumière pour qu'elle sorte de cet enfer. Mets de l'amour dans son cœur et chasses-en la noirceur.

J'ai même fait une neuvaine où j'ai invoqué le vénérable Alfred Pampalon, le patron des toxicomanes et des alcooliques. J'ai aussi songé à effectuer dans sa totalité le pèlerinage de Compostelle tant je ne savais plus à quel saint me vouer. J'ai même pris connaissance des forfaits offerts.

— Il y a sûrement un intercesseur assez influent pour faire tourner le vent! me convainquais-je.

Cette croyance en la prière, ancrée en moi comme une île dans l'océan, avait peut-être été la flammèche principale qui m'avait opposée à ma fille quand elle avait atteint l'âge difficile de treize ans, avant que je me rende compte qu'elle consommait. Cette enfant-reine à qui j'avais tout donné n'avait pas de frein dans la virulence des insultes qu'elle pouvait m'adresser en beuglant quand elle n'était pas d'accord avec ceci ou cela.

—Vous savez, m'avait confié une dame très âgée rencontrée au hasard des routes de ma vie, si vous voulez savoir si l'âge de votre enfant est ingrat, prononcez le chiffre lentement; s'il y a le son ze, vous êtes assurée que c'est l'enfer, et dans sa tête, et dans votre vie. Onze, douze, treize, quatorze, quinze et seize…

Ayant ainsi rendu son oracle, la vieille pythie-philosophe était repartie lentement. Elle marchait sous le poids de sa vieillesse et de ses sacs remplis en s'appuyant sur sa canne. Elle continuait de murmurer sourdement des ze. Sans doute n'était-ce qu'un ange entraperçu, car je ne la revis jamais.

Quand les premiers moments de rébellion de Vivianne sont survenus, elle me reprochait le fait qu'elle se sentait toujours imbécile et qu'elle ne faisait jamais rien de bien.

—Ça doit être drôle, d'avoir une mère normale, avait-elle lancé alors que je lui disais qu'il fallait croire au bon Dieu et en Marie et que des êtres supérieurs pouvaient nous venir en aide dans les moments pénibles.

—Tu es méchante avec moi. Ce qui n'est

pas normal, Vivianne, c'est de parler comme ça à sa mère.

—Ah, ferme donc ta gueule, maudite folle!

La gifle qui a suivi ce commentaire a été un autre événement qui a déclenché la guerre. Toutes les heures du jour ou de la nuit, des engueulades survenaient et Vivianne quittait la maison, enragée comme une lionne, en claquant une porte ou en frappant un mur.

—Je ne veux plus jamais te revoir ni entendre tes maudits sermons à la con, hurlait Vivianne en avançant rageusement sous l'éclairage blafard des lampadaires de la rue qu'elle abandonnait, lui semblait-il, pour toujours.

Toutes les prières, les neuvaines, les rosaires ou les saints cantiques, en latin ou en français, s'avéraient inutiles. J'avais beau implorer à genoux pendant des heures tous les saints du monde, Vivianne ne donnait aucun signe d'affection, aucun indice de guérison. Chaque fois que je tentais un contact ou un rapprochement, des batailles verbales s'engageaient, comme si l'adolescente avait avalé des vipères dont le venin n'était destiné qu'à moi seule.

Cette situation insoutenable et obsessionnelle a duré tant d'années! Je serais incapable de passer à travers à nouveau. J'ai vécu de graves problèmes, dans ma vie, j'ai surmonté les deuils que j'ai dû faire de deux sœurs et traversé une peine d'amour qui a duré cinq ans. Ces épreuves furent difficiles, mais il est certain que la consommation de Vivianne m'a occasionné les pires souffrances que j'ai eu à subir. Les longues années au cours desquelles elle s'est volontairement détruite avec la drogue ont été résolument les plus éprouvantes de ma vie. Si j'avais à revivre tout cela, j'en mourrais, c'est certain. Les crises de sanglots auraient ma peau.

Mes pleurs éclataient souvent devant Vivianne, qui démontrait une indifférence cruelle et absolument monstrueuse. Je sais que ma Vivianne, celle qui était gentille et aimable, aurait agi différemment en me voyant pleurer. Elle m'aimait. Je le savais, car je voyais quelquefois Vivianne faire des gestes qui me prouvaient que son amour pour moi vivait encore à l'intérieur d'elle. Seulement, il était endormi, il avait été assommé par la puissance de la drogue.

Neuvaines, achat d'objets saints, invocations, lectures saintes, l'usine à prières a fonctionné à plein régime pendant longtemps. J'accrochais des crucifix sur les murs, je gardais en permanence de l'eau bénite chez moi. J'affichais des slogans positifs sur le réfrigérateur et dans mon bureau, des mots comme «Espoir», «Paix intérieure» et «Amour» étaient placardés ici et là comme de précieux talismans qui agiraient peut-être sur le cœur de Vivianne. J'y croyais presque! Souvent, des lampions sacrés aux couleurs vives grillaient dans quelque pièce.

Comme j'avais choisi de ne pas aller à Compostelle, vu que je ne pouvais laisser Vivianne seule à la maison dans son état, j'avais confié sa photographie à un groupe d'une quarantaine de voyageurs qui partaient faire le pèlerinage. Le leader des pèlerins m'avait promis de marcher les mille sept cents kilomètres du parcours avec la photographie dans son sac.

Mais les prières et les recommandations

à Dieu ne fonctionnaient pas. C'était la stabilité dans le malheur, qui collait à ma vie comme une sangsue, qui tenait à une dose régulière de drogue sur laquelle je n'avais aucune maîtrise.

Vint un matin où j'étais si tendue que j'avais l'impression que le bouchon allait sauter d'un moment à l'autre. Je côtoyais la dépression. Le moindre problème me paraissait une montagne insurmontable. J'étais à fleur de peau. Je me sentais très mal physiquement. J'éprouvais des nausées et la situation pesait soudain très lourdement sur moi. J'avais le moral à plat.

Je me suis rendue au couvent des bonnes sœurs, près de chez moi. La plus jeune des religieuses, à soixante-dix-sept ans, était devenue la supérieure par la force des choses et par celle de sa mémoire presque intacte. Elle m'a proposé de ne rien forcer et m'a dit :

— Il faut changer les choses qu'on peut changer et accepter celles sur lesquelles on n'a pas d'emprise, mais il faut surtout avoir la sagesse de connaître la différence entre les deux. C'est la prière de la sérénité.

La vieille religieuse est immédiatement repartie, la tête basse, dans un silence de couvent. Ses paroles traînaient derrière elle comme les lueurs d'une étoile filante. La pensée à laquelle elle m'avait confrontée m'avait fait une forte impression. Elle m'avait fait très mal, en mettant encore davantage mon impuissance en évidence.

J'ai presque fini par lâcher prise. J'ai aussi cessé de croire aux miracles de la prière, de m'accrocher à la religion. Toutefois, il me fallait conserver un brin de spiritualité pour profiter un tant soit peu des bienfaits de la concentration.

J'avais tellement d'espoir que je me suis même rendu chez un revendeur pour payer ses dettes de drogue. Il devait des milliers de dollars et des bandits menaçaient de le tuer. C'est incroyable, tout ce que j'ai fait pour tenter de le sortir de sa merde, où il a péri de toute façon.

J. T., un père

Chapitre 13

Durant sa dix-huitième et sa dix-neuvième année, Vivianne ne m'a vue qu'à trois reprises. Les autres fois, c'était moi qui, en cachette, me déplaçais la nuit pour m'assurer qu'elle était toujours vivante et me rassurer sur son sort. Je prenais ce moyen pour arriver à dormir certaines nuits où l'angoisse était trop forte. Je ne pouvais m'empêcher de l'espionner. J'avais de mauvaises nouvelles d'elle et on me racontait ce qu'elle devenait. Ce n'était pas encourageant. Elle était envasée dans un bourbier qui se creusait toujours plus profondément.

Elle vendait maintenant des drogues dures pour boucler ses fins de mois. En outre, au moment où elle atteignait ses dix-huit ans, elle a été engagée dans un bar où elle dansait nue. Mais ce n'était pas là le comble de l'horreur. Lorsque j'appris qu'elle se prostituait, je ne puis dire ce que je ressentis. Cette annonce m'a été cruelle et j'y ai fort mal réagi. C'était comme si je venais d'apprendre la mort de ma mère.

Mon cœur s'essoufflait. Mes pensées s'enlisaient dans la noirceur. Mes principes d'amour et de respect de soi n'avaient plus aucun sens. De l'imaginer nue sur une scène, de seulement songer qu'elle se prostituait, intoxiquée à mort, j'en avais trop de peine, vraiment. Certaines nuits, je croyais même que j'allais crever dans mon lit, tant je souffrais et me sentais désarmée. Parfois, j'allais en voiture épier l'entrée du bar de perdition où elle travaillait. J'aurais tant voulu apporter avec moi la chaude couverture de laine moelleuse qu'elle aimait tant quand elle était encore une adorable gamine! Sans me soucier de qui que ce soit et totalement exempte de préjugés, je serais montée sur la scène où elle exhibait son corps, en tenant le drap tout chaud, juste sorti de la sécheuse. Très lentement, je l'aurais recouverte avec toute la tendresse d'une mère et l'aurais gentiment ramenée à la maison où nous aurions bu un chocolat chaud pour oublier ce cauchemar qui avait trop duré.

J'y suis allée souvent, à ce bar, et j'y passais des heures, stationnée dans la cour. Je l'ai parfois vue sortir fumer de la drogue avec des gens, et d'autres danseuses, sans doute. J'éteignais les phares de ma voiture et j'observais tous ces intoxiqués qui gloussaient comme des canes, et je pleurais tout mon soûl, derrière le volant.

Tout en me prodiguant de sages conseils, les psychologues me recommandaient de vraiment lâcher prise, même si je jurais que je l'avais fait. Ils me répétaient que je devais cesser de vivre pour Vivianne qui ferait sa vie elle-même; ils me réitéraient sans fin qu'il me fallait comprendre que ma fille faisait ses choix à elle, que son destin lui appartenait et que rien ne pouvait changer si elle ne voulait pas changer elle-même. À plusieurs reprises, des médecins et des thérapeutes m'ont expliqué qu'il ne servait à rien d'obliger quelqu'un à entamer une thérapie, si la personne concernée ne voulait pas s'investir personnellement dans ce long processus de guérison. Ils me disaient tous avec des mots différents que Vivianne allait atteindre et toucher les bas-fonds de sa déchéance et que sa descente prendrait fin d'elle-même, qu'elle allait se résoudre à mettre un terme à sa consommation. Les bas-fonds? C'était quoi, les bas-fonds? Une tragédie? Un infarctus? Une psychose? Un accident? Où sont-ils, les bas-fonds, pour les drogués? Chaque jour, je me disais qu'elle y était, que le fond de l'abysse ne pouvait être plus bas.

Et pourtant…

J'étais parfaitement incapable de concevoir et surtout d'accepter que ma fille soit aussi tarée. Il y avait sûrement quelque chose que j'avais ou n'avais pas accompli pour mériter un tel sort. Je reprenais constamment tout depuis le début. Je me questionnais, j'émettais des hypothèses. Si j'avais découvert sa consommation avant, est-ce que tout aurait été différent? L'avais-je assez aimée? Les mises en garde que je lui avais servies étaient-elles adéquates? Et si j'avais forcé les choses pour continuer de vivre une vie commune avec son père, quel aurait été le déroulement de son histoire? Quoi? Comment? Pourquoi?

Chaque fois que j'avais des nouvelles d'elle, mon cerveau se remettait à fonctionner à plein régime et je m'enfonçais dans l'obsession. Certaines personnes se faisaient un malin plaisir de m'informer de l'état d'avancement, ou plutôt de la descente de Vivianne vers ces satanés bas-fonds qui n'étaient jamais atteints.

— J'ai vu Vivianne, l'autre jour, m'avait fièrement confié un neveu légèrement sadique qui se vantait à qui voulait bien l'entendre qu'il était maintenant soldat de l'armée de terre. Elle était complètement *stone*. On aurait dit qu'elle s'était piquée à l'héroïne. Elle était vraiment en dehors d'elle. Elle marchait de travers et elle ne m'a même pas reconnu.

Les parents qui vantaient leur jeune adulte à eux m'énervaient au plus haut point. Les «ma fille est vétérinaire et mon fils sera policier» étaient loin de me venir en aide. C'était comme si ces gens m'avaient affirmé qu'ils avaient réussi là où, moi, j'avais échoué, que le destin de Vivianne et de tous les êtres humains du monde est déterminé par les mères et les pères, rien d'autre.

Je me questionnais sur ce qu'il allait advenir de tout cela, sur ce qui arriverait à faire fuir les démons et les monstres qui planaient au-dessus de la tête de ma fille, là où Satan était campé. Assurément, des milliers de diables affreux surveillaient l'entrée de son cœur et nous empêchaient, moi et tous les anges de bonté, d'y avoir accès.

«Prostituée... Vivianne se prostitue et exhibe son corps nu sur une scène...»

—Facile à comprendre, chère sœur, avait conclu mon frère, plein de bière, de boustifailles et de bons jugements paternels, un soir de Noël. Ce n'est pas vraiment surprenant! Vivianne a été élevée sans père!

Je l'aurais frappé. En colère et incapable de feindre d'accepter sa sentence qui flottait dans l'air, je l'avais mis à la porte. C'était la énième personne qui sortait de ma vie depuis le début de mon enfer. Sa progéniture à lui était encore bien jeune. Son aîné n'avait que neuf ans. Comment pouvait-il pontifier de la sorte et annoncer haut et fort que ses rejetons ne finiraient pas tous les trois comme ma fille? Je lui ai dit d'attendre, de patienter, qu'il verrait le moment venu qu'on ne fait que ce qu'on peut et non ce qu'on veut, et qu'un bon matin nos enfants, ceux avec les risettes au chocolat qui nous questionnent sur la lune et le soleil, disparaissent, s'éteignent pour renaître dans des personnalités qu'il nous aurait bien souvent été impossible d'imaginer.

Plus j'apprenais d'horreurs sur le cas de Vivianne, plus la tension montait en moi et plus je broyais des idées noires. Du noir partout, à l'extérieur et à l'intérieur, dans mes rêves et dans ma vie quotidienne. Je présageais toujours le pire avant qu'il n'arrive. Je l'imaginais morte, étêtée ou démembrée dans une voiture en feu à la suite d'une transaction qui aurait mal tourné. Chaque fois que le téléphone sonnait, qu'une lettre étrange atterrissait dans ma boîte aux lettres, qu'une sirène d'ambulance hurlait dans la nuit, qu'une personne inconnue sonnait à la porte, je présumais toujours, durant quelques secondes, qu'une mauvaise nouvelle m'attendait, que la fin était arrivée.

Dans les musées, les églises et les cathédrales, je payais parfois des lampions ou des intentions de prières et je fantasmais en m'imaginant que les effluves positifs allaient voyager comme des ondes radiophoniques pour faire réaliser à Vivianne à quel point elle était descendue bas, à quel point sa vie n'avait pas de sens. Je tenais des talismans dans mes mains et je croyais très fort que Vivianne allait se lever un matin avec l'envie de changer de vie. De l'espoir! Dieu seul sait combien j'ai nourri de l'espoir.

Mais, je l'ignorais, il y avait plus bas encore...

Parfois je l'aurais tué, oui, vraiment tué, avec un fusil ou un couteau. J'aurais commis un infanticide. Je le haïssais. Ça me fait beaucoup de peine de l'avouer, mais c'est la pure vérité.

M. D., une mère devenue grand-mère

Chapitre 14

Durant cette partie sombre de l'existence de Vivianne, il est survenu des péripéties très traumatisantes. Peu importait ce qui arrivait, Vivianne restait de marbre, comme la reine de l'indifférence au pays des folies. Même quand son meilleur copain, gravement intoxiqué, s'est sectionné un bras en cassant une vitrine avec son poing, elle a tout juste commenté l'événement de la manière suivante :

— Il n'avait qu'à se servir d'une roche ou d'un marteau! Il va passer sa vie avec un moignon, le con! En plus, il n'y avait plus rien à voler, dans ce chalet-là.

À un autre moment, sur un chemin forestier retiré, les policiers ont découvert le corps noirci de l'une de ses amies dans un état de décomposition avancée. Il était là depuis une dizaine de jours. Elle avait mis fin à sa vie de consommatrice en se barricadant dans sa voiture, complètement nue. Assise derrière le volant, le moteur en marche, elle s'était couchée sur son siège qu'elle avait abaissé. Auparavant, à l'aide d'un boyau, elle avait dirigé l'échappement de la voiture vers l'habitacle et avait calfeutré la fenêtre avec ses vêtements enroulés. Pour être certaine de ne se laisser aucune chance de survie, elle avait remonté la vitre avec tant d'énergie qu'elle en avait fait éclater le mécanisme.

L'amie de Vivianne avait vingt ans. Ses parents ont eu de la difficulté à identifier son corps, tellement il était putréfié. C'était intolérable, de voir ce brin de jeunesse couché dans sa tombe. C'était encore plus terrible de voir sa mère, les jambes brisées par la souffrance. Lorsque je suis allée au salon funéraire offrir mes condoléances, je me suis avancée vers la sœur aînée de la jeune fille.

— Bon courage à toute votre famille, lui ai-je murmuré en lui serrant la main.

— Vous savez, madame, c'est un mal pour un bien. Mes parents vont dorénavant pouvoir dormir la nuit. Ils se torturaient l'esprit tous les deux et leur couple était au bord du gouffre. C'est effrayant de dire ça, mais c'est presque une bonne chose. Nous allons recommencer à vivre. Elle menaçait mes parents de mort, elle les a même braqués avec une arme à feu. Eux, évidemment, ils ne se plaignaient pas…

Cette jeune femme m'a raconté des anecdotes abominables pendant une vingtaine
de minutes. La mort de sa jeune sœur était
pratiquement une bénédiction pour elle aussi,
car elle cesserait de se faire du mauvais sang
pour ses parents qui avaient encore de belles
années à vivre, s'ils le voulaient bien.

Je discutai de cet horrible décès avec
Vivianne. Je l'avais croisée par un hasard que
j'avais favorisé, car je n'avais plus de contacts
avec elle. Je me contentais de la regarder vivre
de loin.

— C'est sûr, qu'elle est morte! Son vendeur
lui fournissait tellement de merde! Elle avait le
cerveau comme de la boue. Elle n'avait qu'à
venir me voir. C'est de sa faute finalement.
C'est sa tête dure qui l'a assassinée!

Ces conclusions lapidaires et cruelles
d'indifférence et de je-m'en-foutisme me
déstabilisaient chaque fois. Je ne parvenais pas
à m'y habituer. Dire que c'était moi qui avais
mis cette bête au monde.

À treize ans, il skiait, pratiquait le karaté, jouait au hockey… Il avait de la vie dans le corps. Quand il s'est mis à se droguer, il est devenu comme un pou géant. Dans les films d'horreur, on voit souvent des esprits qui entrent dans les corps des gens et qui se mettent à parler avec de grosses voix, les yeux exorbités. C'est la meilleure comparaison qui me vient à l'esprit quand je repense aux mois qui ont précédé son suicide. Le monstre qui le possédait en était lui aussi tout un!

F. P., une mère

Chapitre 15

J'avais la certitude absolue qu'un événement parviendrait un jour à faire tourner le vent et à modifier le cours des choses. Ce fut encore ce que je crus quand j'appris la mort du père de Vivianne. Ayant glissé d'un échafaudage instable, il avait chuté du quinzième étage d'un édifice en construction. J'eus sincèrement beaucoup de chagrin, car j'avais passé de beaux moments avec cet homme. Je gardais à jamais de doux souvenirs de la relation amoureuse que nous avions vécue.

J'ai mis des heures à joindre Vivianne pour lui annoncer la triste nouvelle. Je tentais par tous les moyens de la retrouver. J'ai visité les pires logements de la ville, je suis allée dans des bars miteux, des salles de billard enfumées, pour finalement la découvrir, assise sur une banquette avec deux hommes dans un restaurant minable qui sentait la friture et la cigarette à plein nez.

—Je m'excuse, messieurs. Je peux parler seule à seule avec ma fille? ai-je demandé assez autoritairement à ses deux compagnons.

—Ils peuvent rester. Ce sont eux, ma

famille, maintenant. Ils sont moins pires que certains snobs qui rôdent autour de moi et que la vie m'a imposés.

— Comme ta mère, disons?

— Ouais, c'est un bon exemple, me répondit-elle méchamment.

Et ces hommes mauvais se sont mis à rigoler comme des bossus devant cette réaction d'une inconcevable inhumanité.

J'aurais voulu cracher sur elle, l'humilier devant ces individus dévoyés, ces moustachus dégoûtants qui lui servaient prétendument de famille. En la voyant là, devant un plat de frites arrosées de ketchup et de sel, j'aurais eu envie de lui lancer au visage son assiette peu appétissante qui ressemblait à sa vie. Je revécus, pendant une dizaine de secondes, les heures que j'avais consacrées à la bercer, à la changer, à la laver, à la porter, à l'aimer. Je me revoyais enceinte; je me souvenais des jolies musiques que j'écoutais pour l'apaiser quand elle bougeait dans mon ventre, des caresses que je lui prodiguais à travers ma peau.

Ces instants me revenaient à l'esprit comme des flashs douloureux. «Mon bébé est mort depuis longtemps», me disais-je. Et je me suis assise très calmement devant elle. Les deux hommes avaient eu l'exquise politesse de quitter la banquette pour aller fumer ailleurs.

— Quoi! Qu'est-ce qu'il y a, pour que tu viennes me déranger jusqu'ici? me lança-t-elle, hargneuse.

Elle était entrée sans préambule dans une si grande colère que je crus qu'elle souffrait d'un quelconque trouble mental.

— J'ai quelque chose de très grave et pénible à t'annoncer.
— Bon... Tu as le cancer du sein? De l'utérus? me dit-elle sur un ton indifférent.

Comme elle pouvait être méchante et détestable! Chaque mot, chaque phrase qu'elle proférait était un poignard, une lame aiguisée pour transpercer. Avec le temps, j'avais appris à me dominer en me disant que c'était la drogue qui agissait et m'insultait, pas elle. Je me répétais cela souvent pour amoindrir la peine que me causaient ses affronts.

— C'est ton père, Vivianne.

— Quoi? Il a changé de pays pour aller ensemencer la planète ailleurs? Un bébé mexicain? Un Norvégien, pour faire changement, peut-être!

Sans l'avouer, elle n'avait jamais accepté que son père refasse sa vie et ait un autre enfant avec une Française.

— Non, Vivianne. Il est mort. Ton père est mort. Il s'est tué sur un chantier, en tombant d'un édifice en construction.

— C'est tout? Tu peux y aller, maintenant! J'ai à faire. Il y a longtemps qu'il est mort, mon père! Tu ne m'apprends rien. En passant, est-ce que j'hérite de quelque chose?

Si elle héritait de quelque chose? Son père avait eu la sagesse et le flair bienvenu d'inclure une clause très claire dans son testament. Ce paragraphe me déclarait tuteur officiel et je ne devais rien donner à Vivianne si elle consommait et si je jugeais que sa vie était désordonnée. Il est donc facile de deviner la somme qu'elle devait recevoir. Elle ne s'est évidemment pas présentée pour assister à la lecture du testament, malgré qu'elle m'avait fait la promesse solennelle qu'elle y serait. Ce n'était pas nouveau; elle ne respectait jamais ses engagements et n'avait aucun sens de la ponctualité. De toute façon, qu'aurait-elle acheté avec de l'argent sinon de la dope pour se détruire encore davantage!

Je n'arrivais toujours pas à croire et surtout à comprendre comment il se faisait que je ne pouvais pas la détester. Quels liens m'attachaient à cette créature monstrueuse, pour que j'éprouve encore un soupçon d'amour pour elle? Pour que je m'inquiète autant? Je repensais à la citation traduite de Samuel Johnson qui ornait le mur de sa chambre d'adolescente: *Celui qui se transforme en bête se délivre de la douleur d'être un homme.* Cette phrase prenait là tout son sens dans l'épisode de la mort de son père.

Vivianne n'est même pas passée en vitesse, ne fût-ce qu'une minute, pour participer à la cérémonie commémorative. Le corps n'avait pas été ramené au pays, car le transport depuis la France aurait été très onéreux et sa femme avait choisi de l'enterrer dans sa ville.

Les très aimables grands-parents paternels de Vivianne voulurent connaître les raisons de son absence, aussi discrète qu'un furoncle de trois centimètres au bout du nez. Je la défendis une autre fois. Je mentis en jurant qu'elle avait beaucoup de peine et qu'elle ne pourrait sans doute pas être là de toute façon, qu'elle travaillait. Je vasouillais, j'inventais des bêtises comme Vivianne savait si bien le faire. Son vice déteignait sur moi.

— Elle aurait pu faire un effort pour assister à la cérémonie, avait commenté son grand-père qui n'était pas dupe. C'était son père, quand même!

Elles sont nombreuses, les fois où j'ai menti gravement pour la protéger, pour que sa réputation dégringole moins vite. Je me surprenais moi-même à me transformer pour m'ajuster à son trajet de vie pitoyable. Plus j'analysais les faits, plus je réalisais à quel point cela faisait longtemps qu'elle était mauvaise à l'intérieur d'elle-même. La drogue avait occulté toutes les parcelles de bon qui sommeillaient peut-être encore en elle, comme dans la terre les racines d'une plante jadis majestueuse.

Je me rappelle un événement particulièrement malheureux et gênant. Elle avait environ seize ans. Elle venait à peine de les avoir, car elle a quitté l'école à cet âge et elle poursuivait toujours ses études, au moment où le fait s'est produit. Elle détestait le professeur d'éducation physique. Elle n'en a d'ailleurs apprécié aucun, pendant ses courtes études secondaires qu'elle a passées sous anesthésie. Mais ce professeur-là était trop sévère à son goût; il avait ses limites et savait les imposer.

Elle se mit dans la tête d'élaborer un plan carrément diabolique pour que ce pauvre enseignant perde son emploi. Avec la complicité d'une copine de classe, elle dressa un scénario pratiquement parfait, enfin, dans sa tête à elle. Ensemble, les deux adolescentes complotèrent d'accuser l'enseignant d'avoir eu de gestes inappropriés. Elles voulurent faire croire que l'homme avait percé un trou dans le mur de son bureau, qui jouxtait les douches des filles, afin de les regarder. Elles jurèrent qu'il se masturbait en les observant. En fait, c'était Vivianne et sa copine qui avaient elles-mêmes percé le trou.

Ce fut un policier futé qui fit heureusement déraper le complot. Lors de l'interrogatoire, auquel on m'avait invitée à assister, étant donné que ma fille était mineure et que les accusations étaient graves, les deux adolescentes en manque de sensations fortes ont été littéralement bouchées par l'enquêteur.

—Je suis allé voir dans le bureau et dans les douches et je suis vraiment perplexe, les filles. Comment pouvez-vous savoir que l'enseignant se masturbait? Le trou ne mesure que quelques millimètres.

Depuis le début, j'avais la profonde et solide conviction que Vivianne avait tout inventé, tout manigancé pour causer du tort à cet enseignant rempli de bonne volonté. Je continuai tout de même à écouter les questions de l'enquêteur en affichant une mine surprise, comme si je réalisais soudain que ma fille pouvait commettre de tels gestes, alors qu'elle n'avait plus aucun respect pour qui que ce soit depuis déjà fort longtemps.

Pendant qu'elle fréquentait l'école secondaire, il n'y a guère eu de bons commentaires sur ses bulletins. Elle ne réussissait aucun cours, ne s'engageait dans aucune cause, ne se passionnait pour aucune activité. Quand elle a décroché, ce fut pratiquement un soulagement pour moi. Pour tout le personnel de l'école, également. Même la travailleuse sociale qui m'avait accusée d'être trop inquisitrice ne savait plus où donner de la tête et avait lancé la serviette; la guenille, devrais-je dire.

Je me souvenais de ses paroles. Elles ont longtemps sonné comme une chanson ringarde dans mes oreilles.

— Vous savez, madame, Vivianne apprendra un jour à se comporter convenablement en société. Vous n'avez pas à vous mêler de tout. Vous êtes inquisitrice.

— Inquisitrice? avais-je questionné stupidement, comme si je n'avais jamais entendu ce mot qui me dérangeait drôlement.

— Oui, inquisitrice. Indiscrète. Vous voulez tout savoir sur elle, vous ne lui laissez pas de corde pour prendre son envol. Vous posez trop de questions, vous êtes difficile à vivre, pour Vivianne. Elle a aussi droit à sa vie, à sa vie à elle.

Elle me dévisageait comme si j'étais une débile.

Je repassais souvent ce mauvais souvenir

dans ma tête, quand j'étais au bout de mon rouleau. Cette accusation m'avait toutefois laissé une satisfaction. Quelques secondes après qu'elle m'eut accusée de trop m'imposer dans la vie de ma fille, j'avais vu la photographie d'une fillette sur son bureau.

— C'est votre fille, madame? Elle a quel âge? l'avais-je questionnée.

— Elle a neuf ans, avait-elle hésité à me répondre.

— Quand elle aura quatorze ou quinze ans, je vous prie de venir me répéter ce que vous venez de me dire. En attendant, profitez-en bien!

J'avais quitté son bureau en sachant qu'elle n'oublierait jamais ma réplique et que l'épée de Damoclès pendrait au-dessus de sa tête quand sa fille entrerait dans l'adolescence. Elle avait un gros pari à jouer. Pour ma part, j'avais pleuré pendant au moins deux heures après cette rencontre.

Quand Vivianne a quitté l'école, trois ans plus tard, je suis retournée rencontrer cette dame pour lui adresser un salut définitif. Elle m'a alors avoué que ma fille était effectivement un cas très lourd. Elle s'était assagie dans ses propos et s'était rangée de mon côté. Elle avait vieilli et sa fille aussi!

Il m'a fallu beaucoup de temps, même de nombreuses années, pour apprendre à ne plus me soucier des jugements impitoyables des gens. Est-ce même quelque chose qu'on apprend vraiment? Ils sont souvent méchants, les commentaires qu'on entend autour de soi. En faire fi pour de bon, cela suppose une abnégation constante. C'est un défi à relever quotidiennement.

Quand j'ai ouvert la porte de la remise,
mon chien pendait au bout d'une corde.
En plus, il avait la gorge tranchée.
C'était un spectacle dégoûtant. Mon fils avait
toujours profondément détesté mon chien.
Je suis certaine que c'est lui le
coupable… Ou plutôt la drogue.
M. M., une mère

Chapitre 16

J'adorais ma grand-mère maternelle. C'était une dame de classe, remplie de bonté et de respect. Elle était de celles que la terre devait être fière d'avoir portées. Elle cuisinait merveilleusement bien. Des odeurs de sucre et de pain flottaient partout dans sa maison et je n'ai jamais revécu après sa mort la sensation de chaleur qui régnait dans sa cuisine. Blottie dans ses bras, je lui confiais souvent l'amour que j'éprouvais pour elle. Cette femme qui portait toujours un tablier fleuri a été un rayon de soleil qui brillera à jamais sur ma vie. Son image, même jaunie et délavée, est toujours avec moi, dans mon portefeuille, sur mon réfrigérateur.

Quand elle est décédée dans son sommeil, on a retrouvé une lettre qui m'était destinée. Une lettre cachetée et parfumée, juste pour moi! Elle me léguait ses bagues et quelques précieux bijoux, et elle m'écrivait que ces objets devaient symboliser l'amour éternel qui nous unissait.

Les gens de son époque ont trimé dur pour se permettre l'achat de bijoux en or. Tous les cinq ans, son mari et elle parvenaient à s'offrir mutuellement de tels trésors à l'occasion de Noël, d'un anniversaire ou d'une date importante. Après avoir déballé le cadeau, ils le portaient le reste de leurs jours.

Quand elle avait écrit son testament à la main, ma tendre grand-mère devait se dire que je connaissais toute la valeur, toute la signification profonde de ce don.

Une de ces bagues était sertie de toutes les pierres des mois de naissance de ses enfants. Elle en avait eu huit. Deux discrètes émeraudes symbolisaient le mois de mai, qui avait vu le décès en bas âge de ses jumeaux.

Je ne portais pas les bagues que contenait cet héritage. Elles étaient trop petites pour mes doigts. Ma grand-mère était vraiment menue.

Un jour que j'époussetais mon bureau, je m'aperçus que toutes les bagues avaient disparu du coffre où je les gardais. Je n'arrivais vraiment pas à croire qu'on avait pu les subtiliser et je cherchai partout, présumant que je les avais peut-être placées ailleurs, dans un endroit dont je ne me souvenais pas. C'était impossible et inconcevable que Vivianne les ait prises; elle savait à quel point ces objets comptaient pour moi, elle savait qu'ils avaient à mes yeux une valeur inestimable. Le soir, après avoir retourné tous les tiroirs, je dus me rendre à l'évidence et reconnaître que mon premier pressentiment devant l'absence des bijoux ne m'avait pas menti.

J'accusai ma fille d'emblée, sans même enquêter. Trop en colère, je ne cherchai pas à la voir pour la questionner. Sans doute l'aurais-je frappée, si je l'avais rencontrée à ce moment-là. Je pleurais de rage, je hurlais mon chagrin. C'était vraiment la goutte qui faisait déborder le vase de ma peine. Elle était allée trop loin.

Plus calme et résignée, le lendemain, avec des photographies qui pourraient offrir des pistes, j'entrepris de visiter les bijoutiers de la ville. L'un deux avait bel et bien acheté les bagues, deux semaines auparavant. Une jeune fille un peu étrange avec des piercings les lui avait vendues. Faussement étonnée, je lui dis que j'étais prête à payer le prix fort pour récupérer quelques-uns des bijoux. Désolé, les lunettes pendant sur son nez, l'homme comprit ma détresse, mais il les avait lui-même vendus, surtout la bague avec les pierres, car elle valait son pesant d'or, selon son expression qui ne voulait pas trop insister ni laisser entendre qu'il s'adonnait à un jeu de mots maladroit.

— Tu as vendu les bagues de ma grand-mère? lui avais-je hurlé en pleurs en revenant chez moi. Je n'arrive pas à le croire. Tu es horrible, Vivianne. Comment as-tu pu faire ça? Tu aurais pu prendre n'importe quoi, mais pas ça. Tu es un monstre!

— Quelles bagues? Tu vis dans le passé. Ça fait vingt ans que ta grand-mère est morte, me criait-elle plus fort encore, le nez plissé par son mensonge.

La prise de bec fut mémorable. Elle finit pourtant par avouer. À la fin, elle émit un léger grognement et me jeta comme une boutade que je devrais la remercier de m'avoir enfin débarrassée de ces vieux bijoux, laids et trop lourdement empierrés.

Je priai ma grand-mère pour lui demander de me consoler. Elle me regardait, sur la photographie jaunie que je gardais d'elle, son sourire gentil figé dans le temps. Deux longs mois se sont écoulés avant que je n'aie plus mal en pensant à cette mésaventure.

Les semaines d'absence de Vivianne ne se comptaient plus. Elle partait et revenait quand bon lui semblait, sans jamais donner de nouvelles. Sincèrement, les périodes où elle s'absentait m'apportaient paix et réconfort. Avec une certaine sagesse, j'agissais dans mon quotidien comme si elle était déjà morte, comme si je faisais mon deuil d'elle de son vivant. C'était comme un divorce entre elle et moi.

Parfois, elle surgissait comme une bête sauvage, se ruait vers le réfrigérateur, salissait la vaisselle, ne rinçait rien, ne ramassait rien et repartait sans même me saluer. La propreté, la courtoisie et l'ordre ne faisaient plus partie depuis longtemps de la liste de ses valeurs. Il lui arrivait quelquefois de déposer rapidement un bécot sur ma joue. Manque de tendresse, ou façon plus ou moins subtile de me soutirer quelques dollars? La seconde raison était sans doute la bonne, mais je profitais de ces moments pour me convaincre qu'elle m'aimait juste un peu.

Une nuit, le téléphone sonna. Comme toutes les nuits quand la sonnerie terrorise le silence et brise le sommeil, on sent, on sait que quelque chose de grave est arrivé.

— Allô!

— Je suis mal prise. Tu peux me déposer de l'argent?

— Je peux savoir où tu es?

— Ça ne te regarde pas. Quand vas-tu donc te mêler de tes oignons?

— D'accord, Vivianne. Si ça ne me regarde pas, bonne nuit. Justement, je dormais.

Je n'avais plus la force de l'entendre me faire des reproches continuels et me manquer systématiquement de respect. Je m'apprêtais à déposer le combiné avec la lenteur de gestes d'une personne endormie quand j'entendis Vivianne me crier de ne pas raccrocher.

— Aide-moi, maman, je t'en prie. Il n'y a que toi qui puisses m'aider, je suis vraiment dans la merde.

— Dis-moi pourquoi tu as besoin de moi, explique-moi où tu es et je verrai, lui dis-je tout ensommeillée.

En fait, je m'étais drôlement endurcie. Son comportement et son attitude avaient fini par me blaser. Les premières fois qu'elle m'avait demandé de l'aide, je sortais du lit et volais à sa rescousse comme Superman vers sa belle.

Tout de suite au comble de la panique, je ne prenais même pas le temps de m'habiller convenablement ni de faire chauffer la voiture, au risque de tomber malade. Avec le temps et les péripéties qui s'accumulaient, j'étais, dirais-je, devenue plus zen.

Je sentais parfois que je la tenais quand ce genre de chose arrivait. Mais c'était toujours le même scénario, le même processus qui se déroulait. Dès que j'avais satisfait ses besoins, elle ne m'adressait plus la parole et m'oubliait pendant des semaines.

Au téléphone, cette nuit-là, elle me mentit en me disant qu'elle était à cinq cents kilomètres de la ville, qu'elle s'était rendue là en auto-stop et que le type qui l'accompagnait avait été arrêté aux douanes; le salaud ne lui avait pas dit qu'il était un vendeur de drogue. Après avoir écouté, sans en croire un traître mot, ses récits abracadabrants et truffés de mensonges, je déposai l'argent. Et je m'en voulus une autre fois. Je savais bien, au fond, que j'aurais dû la laisser croupir dans sa misère, mariner au fond du fond comme les bonnes âmes me le conseillaient toutes. J'en étais incapable; l'inquiétude me faisait atrocement mal.

Le fond du fond… Je croyais d'un jour à l'autre qu'elle y était parvenue, justement, qu'elle ne pourrait descendre plus bas. Comme je me trompais! Il y avait toujours pire. Toujours. Ma vie était un cauchemar qui s'éternisait. On m'aurait inséré lentement un couteau dans le cœur que ça n'aurait pas été pire.

Je donnais quand elle demandait, comme si je prenais plaisir à faire rire de moi, à me faire manipuler, à me faire marcher dessus, à la voir m'écraser encore et encore et abuser de mon amour de mère. Je participais à sa déchéance par mon incapacité à lui fermer ma porte et mon cœur. Je ne lui demandais jamais rien en retour de mes bontés. Si elle avait faim, je lui cuisinais un mets qu'elle aimait. Elle mangeait rarement à la maison. Elle enveloppait les assiettes et fuyait comme une voleuse, sans même prononcer le mot merci. Sans doute pour offrir de la nourriture à d'autres, elle en ajoutait toujours davantage dans les sacs. Si elle avait besoin d'argent, je lui en prêtais, si on peut parler ainsi. Je savais bien que jamais je ne reverrais un sou des milliers de dollars que je lui avais avancés. On lui faisait des menaces à cause de ses dettes. Elle s'agenouillait parfois. Je lui refilais de l'argent pour calmer ma conscience.

«S'il fallait qu'elle meure parce que je ne lui ai pas prêté cet argent», me disais-je.

Le fond du fond, je me demandais si j'allais moi-même l'atteindre à force de m'humilier ainsi. Je m'en voulais de toujours dépasser les limites du raisonnable avec elle. C'était ma fille et ce fait était plus fort que tout. Je me disais que les choses allaient changer et qu'il me fallait continuer à l'aimer, que ce maudit amour qui me tuait allait tout arranger. Or, l'amour, est-ce prêter de l'argent pour couvrir des dettes de drogue? L'amour, est-ce se laisser manipuler? Est-ce l'incapacité d'imposer ses limites, de fermer sa porte, de couper les vivres, de mettre un frein à la déraison?

Le jour où je pris la décision de me changer moi-même m'a été plus que bénéfique; il a été ma survie. Dans la quarantaine avancée, je décidai de penser à moi, à ma santé physique et mentale, à ma beauté qui n'était pas tout à fait éteinte. Je n'avais pas eu d'homme dans ma vie depuis très longtemps et je décidai que mon existence prendrait un nouveau détour, que je cesserais de me centrer sur Vivianne. De toute façon, je ne pouvais rien pour elle si elle ne voulait pas s'aider. Enfin, je me remémorai toutes les expériences malheureuses que j'avais vécues dans ma relation avec ma fille, je me répétai les rengaines que j'avais entendues, pour faire en sorte de me convaincre qu'il était temps pour moi d'aller de l'avant, de m'émanciper un tant soit peu de mon amour maternel pour changer et resserrer les règles du jeu. Je savais toutefois que rien n'était gagné. Je savais aussi qu'il me faudrait sûrement encore d'autres événements pénibles à vivre avec Vivianne avant de vraiment mettre mes plans personnels de bonheur à exécution. Tout cela n'était qu'une décision. Il me restait à agir et c'est là que tout se corserait.

Il pleurait comme un bébé. Il me suppliait à genoux de lui permettre de revenir vivre à la maison. Le temps de se replacer, me disait-il. C'était vraiment assez pour moi. Je lui ai permis de rester dormir. Il a mangé et je lui ai demandé de repartir le lendemain comme s'il avait été un étranger, un vulgaire quêteux. Je ne regrette rien. C'est le meilleur geste que j'aie posé, car c'est là qu'il a commencé à changer et à devenir un homme.

J. C., un père

Chapitre 17

Si je me souviens bien, c'était un lundi, car mon émission de télévision préférée venait de céder la place aux nouvelles du soir. J'ai éteint le téléviseur; mes projets étaient de me coucher tôt. Mais j'entendais des bruits venant de l'extérieur. Pourtant, j'avais beau regarder par la fenêtre de ma chambre, je ne voyais rien, pas même des ombres. C'était le vent, sans doute...

Les bruits et cognements persistaient, si bien que je décidai d'enfiler un peignoir pour aller constater ce qui se passait dehors. J'éprouve rarement de la peur, mais cette fois-là une angoisse étrange, peut-être un pressentiment, me serrait la gorge. Sur la galerie, je ne vis rien. Je n'entendais plus de bruits non plus, comme si j'avais dérangé les fautifs. C'était l'automne. La nuit était noire et le vent faisait silence. Ce n'était certes pas lui qui menait du tapage l'instant d'avant. J'avançai lentement autour de la maison. Rien. Était-ce des branches? Des voisins? Des corbeaux fous? Toutes les hypothèses défilaient dans mon esprit.

Je me dirigeai vers la remise derrière la maison. De loin, je constatai que la porte était bel et bien fermée. Toutefois, en m'approchant plus près, je m'aperçus que le cadenas n'était plus à sa place. J'avais peur. Je manquais de courage pour m'approcher de la remise et y entrer. Mais il fallait que je me fouette et que j'en aie le cœur net.

J'ouvris lentement la porte qui grinça comme pour ajouter à ma terreur. Dès que je pus glisser un regard dans l'entrebâillement de la porte, je constatai immédiatement qu'il n'y avait plus rien là. Ni vélo, ni barbecue, ni pneus d'hiver. Plus rien sinon un sol vaste comme celui d'un appartement déserté. Des centaines d'objets de jardinage, des outils de belle valeur, des sacs géants de vêtements et de chaussures d'été, des pots de peinture, un moulin antique datant de 1847 que j'étais en train de restaurer, des coffres de vieux disques, tout cela avait disparu. Le néant! La remise était parfaitement vide.

Pendant que je composais le numéro des services de police, mes mains tremblant de peine et de colère, j'avais la douloureuse certitude que ma fille était pour quelque chose dans ce vol, et ce, même si je tentais au plus profond de moi-même de me persuader que ce n'était pas le cas.

Trois heures durant, j'ai discuté avec les policiers. Je leur ai relaté ce qui s'était passé, les bruits que j'avais entendus et ma décision de sortir dans la cour pour voir ce qui se passait. J'ai énuméré les objets et les meubles les plus dispendieux qui avaient été dérobés. Je n'ai jamais prononcé ni même marmonné le prénom de Vivianne. Je n'ai laissé planer aucune présomption, aucun doute qui aurait pu l'incriminer de quelque façon. Aujourd'hui, je sais que j'aurais dû. Je sais que mon silence à ce sujet constituait pratiquement un vol que je commettais moi-même aux dépens de ma compagnie d'assurances. Je sais tout cela et je n'ai quand même rien dit. J'avais les trémolos d'émotion d'une femme ordinaire qu'on vient de dévaliser, une femme comme toutes les autres, pas une femme qui a été volée par sa criminelle de fille et ses bandits d'amis. Cette nuit-là, j'ai cruellement réalisé à quel point je sacrifiais mes valeurs profondes pour défendre Vivianne et me convaincre qu'elle avait toujours un fond de bonté quand, en fait, et il n'en était rien.

Les policiers ont quitté en plein cœur de la nuit, un rapport de quelques pages entre les mains.

Quelques mois plus tard, dans un centre commercial, tout à fait par hasard, j'ai eu la preuve irréfutable que le vol avait bel et bien été commis par Vivianne. Un peu pompette, elle déambulait avec des copines dont l'une ressemblait à un attirail de pêche tant elle avait d'hameçons et de leurres accrochés au visage et aux oreilles. Vivianne portait mes chaussures décorées de peau de serpent. Or, il était impossible d'en trouver de pareilles où que ce soit. Je les avais achetées en Afrique du Nord, lors d'un voyage, une dizaine d'années auparavant. Ma fille m'accompagnait. Je me souvenais encore des prières que j'avais adressées au ciel pour que les agents frontaliers ne se rendent pas compte que des décorations illégales, tissées avec la peau d'un serpent protégé, ornaient les souliers.

En voyant cette preuve de la culpabilité de Vivianne, je suis restée sans voix, sans réaction. Là, je ne pouvais plus douter et je constatais une fois de plus à quel point elle était descendue bas. Stupidement, après avoir essuyé le commentaire méchant de Vivianne sur ma nouvelle coiffure, j'ai fait semblant de rien; j'ai salué la bande de jeunes dévoyées saoules et gelées, et suis allée vomir dans la salle de toilettes du centre commercial. Penchée au-dessus de la cuvette, je vomissais en hoquetant, assaillie tout à la fois par la nausée et les sanglots. Je croyais être seule. Quand je suis sortie du cabinet, gênée, j'ai vu une dame qui était entrée silencieusement pendant que je piquais cette crise incontrôlable. Elle devait attendre que je sorte, car elle était appuyée sur le comptoir, les bras croisés.

— Ça va mieux? m'a-t-elle demandé.
— Oui, merci. J'ai eu une petite altercation avec ma fille, tout à l'heure!
— Petite?
— Disons que je vis des moments assez difficiles avec elle, lui confiai-je en souriant du mieux que je pouvais. Je viens de la croiser et ça m'a complètement déstabilisée.

En même temps que je parlais, j'appliquais un peu de fard sur mes joues, le visage tourné vers le miroir.

La femme m'a invitée à boire un café dans

un bistrot du centre commercial. Comme un livre ouvert, j'ai tout déballé. J'agissais rarement ainsi. Tel un ange tombé du ciel, elle m'écoutait religieusement sans pratiquement intervenir.

Vers la fin de notre rencontre, elle m'a avoué que sa vie avec son fils avait été semblable. Il avait chamboulé toute son existence. Son mari l'avait quittée et ses deux autres fils ne lui adressaient presque plus la parole. Pendant des mois, elle s'était cachée pour aller, comme un livreur de pizza, porter de la nourriture à son fils qui se terrait dans une grange, dans un village voisin. Le père refusait qu'elle lui donne quoi que ce soit, mais elle n'arrivait pas à couper les ponts. À trente ans, il n'avait jamais décroché. Il était finalement mort de froid, couché sur de la paille comme un animal abandonné. Il y avait déjà cinq ans que c'était arrivé. Quand on avait trouvé son corps, il était figé dans la posture d'un fœtus. Il tenait si fermement une photographie de sa mère qu'on avait dû lui briser un os de la main pour la lui retirer.

Elle m'a laissé son numéro de téléphone avant de me quitter. Je lui ai téléphoné à quelques reprises, mais j'ai cessé de la contacter quand elle m'a conseillé de couper définitivement les ponts avec Vivianne.

Des personnes comme cette dame, il y en a eu quelques-unes qui ont passé dans ma vie. Toujours, je les repoussais. Je n'avais pas la sagesse de les retenir. D'ailleurs, comment être une bonne amie quand on est toujours obsédée par la même idée? Ces années d'enfer où il y avait tant à raconter et à se remémorer, je les ai passées seule.

Est-ce que tu l'as écrit dans ton livre, comme on souffre de parler aussi mal à nos parents? Il faut être fêlé pour leur dire des choses si terribles. Si on traite mal notre propre mère, qu'en est-il du reste du monde?

S. R., une ex-toxicomane

Chapitre 18

La déchéance, la vraie misère, les affres de l'enfer, Vivianne les a connues. Je me demande aujourd'hui si elle souffrait beaucoup dans le secret de son âme. Elle semblait tellement dégagée de tout cela, si indifférente! Si ce ne sont pas là les bas-fonds, alors je ne vois pas, mais vraiment pas jusqu'où elle aurait pu descendre. Ce qu'elle était devenue ne pouvait être qualifié d'humain. Au fil des années, j'ai compulsé toutes les informations reliées à la consommation de drogues dans le monde et ma fille touchait le fond, j'en étais assurée.

Pourquoi n'avais-je pas su lui éviter un si grand malheur? Ensemble, nous aurions pu aller si loin! Nous nous étions tant aimées, toutes les deux!

Vivianne avait maintenant vingt-quatre ans. Je n'étais pas vraiment informée de ses allées et venues. Elle errait, disait-on, d'une piquerie à l'autre, d'un squat à l'autre. Elle avait été chassée de son appartement; depuis trop longtemps, elle n'en payait plus le loyer. Elle consommait maintenant de l'héroïne, ce produit hautement toxique qu'elle s'injectait dans les veines. Sa dépendance était installée, sans doute de façon définitive et sans possibilité de retour en arrière.

La succession de coups au cœur et de mauvaises nouvelles m'avait depuis longtemps rendue sombre, silencieuse et taciturne, moi qui avais toujours été auparavant un boute-en-train joyeux. Je ne voyais plus le soleil, ne pleurais plus, ne cuisinais plus que pour me nourrir, ne chantais plus, ne parlais plus. Les sourires des enfants que je croisais sur mon chemin ne m'émouvaient plus. Les films d'amour ou les romans tristes, rien ne me faisait plus vibrer. J'imaginais Vivianne, ses yeux fixant le vide et la bave coulant dans son cou, couchée dans une rue comme un chien battu, ou perdue dans le néant sur un terrain vague. Je n'étais plus moi. Je vivais en dehors de mon corps. Je n'avais plus de larmes et mes émotions étaient au point mort. C'était comme si j'avais fermé les volets de ma vie et de mon être, comme si j'avais coupé toute communication entre les mondes intérieur et extérieur. Je faisais lentement, étape par étape, le deuil de ma fille vivante, comme on le fait probablement d'un enfant qui nous a réellement quitté.

D'amis, je n'en avais plus aucun. Ma famille avait pratiquement cessé tout contact avec moi, sauf aux fêtes de Noël et à mes anniversaires où quelques sonneries résonnaient encore par politesse. Je me rendais à mon boulot comme un automate.

D'une journée à l'autre, je décortiquais sans fin les raisons qui avaient poussé ma fille unique et adorée dans ce gouffre incommensurable de souffrances. Je m'accusais parfois, j'accusais l'humanité, je révisais tout depuis le début, je pointais du doigt le fléau mondial de la drogue. Je rêvais d'aller installer des bombes chez les fabricants de drogue. Je me pardonnais un jour et me condamnais le lendemain. Mon esprit valsait sans cesse, mais le rythme de cette danse macabre diminuait avec le temps. Je me calmais. Je rentrais peu à peu dans un cocon serré pour avoir le goût de choisir de vivre.

Vivianne se prostituait, se piquait, dansait nue. Elle vendait, sniffait, fumait. Tous les orifices de son corps lui étaient bons pour s'imprégner de saletés et se pourrir. On me l'avait raconté : elle n'était souvent qu'une larve sur un trottoir, une junkie qui se foutait de tout, qui anesthésiait ce qu'il restait de vie en elle. Sa beauté? Quelle beauté? Elle n'était plus que l'ombre d'elle-même, de son passé. Elle vivait sa vie les deux pieds dans sa tombe.

L'après-midi où je l'ai croisée et où je l'ai vue adossée, plaquée plutôt contre un immeuble, complètement perdue, a été une révélation. J'ai eu une forte prémonition, celle que je ne la reverrais plus. Elle râlait comme une mourante. Je suis sûre que, dans son délire, elle ne m'a pas reconnue. Je suis restée sans bouger, debout derrière une basse clôture, à quelques mètres d'elle, à la regarder fixement. Pendant cinq ou six secondes, elle a aussi posé son regard dans mes yeux, la bouche légèrement et bêtement entrouverte. Elle était sincèrement affreuse. Je lui ai tendu la main pour lui signifier que j'étais accueillante encore, qu'il y avait toujours de l'amour dans mon cœur pour elle. Elle m'a regardée sans dire un mot. Sa tête est retombée sur son épaule. Elle était dans un autre monde, un monde si éloigné du mien que je ne pouvais l'atteindre, et ce, malgré le lot incommensurable d'amour que je n'ai jamais cessé de nourrir pour elle malgré tout ce qui s'était passé.

Pendant une trentaine de minutes, je suis restée là à l'observer dans son dépérissement, dans sa presque mort. Elle était cadavérique; elle somnolait; elle ouvrait parfois les yeux au prix d'un effort manifeste, comme si on lui avait administré un somnifère de cheval. Elle hoquetait, ramenait sa tête sur l'autre épaule, rouvrait les yeux comme une agonisante. On aurait dit qu'elle était trop souffrante pour bouger.

Son corps rachitique n'avait plus de formes. Elle avait des ecchymoses sur les bras. Ses jambes qu'on pouvait voir à travers de longs bas noirs percés étaient couvertes de bleus et de furoncles purulents. Ses vêtements foncés et ses bottines ostensiblement trop grandes pour elle étaient sales et elle portait un foulard orangé crotté et malhabilement enroulé dans ses cheveux qui n'avaient plus aucune brillance. Son teint verdâtre faisait peur et les saletés sur son chandail indiquaient qu'elle avait vomi récemment. Cette bête abandonnée, c'était ma fille. J'avais envie de la prendre de force, de la séquestrer, de l'attacher sur une chaise pour la guérir, la nourrir, la soigner. J'aurais voulu téléphoner à une ambulance, alerter les services de santé au sujet de son état, la faire enfermer dans un hôpital pour six mois, un an, dix ans. Tout ça, je l'avais déjà fait. Les ambulances étaient venues. À l'hôpital, on l'avait soignée. On l'avait informée des dangers que présentait sa consommation effrénée, mais Vivianne ne voulait rien comprendre. Le système sanitaire ne peut s'acharner à sauver une personne contre son gré. Ainsi, toutes mes interventions étaient inutiles, j'en étais consciente. C'était sa vie à elle.

— Si votre fille n'est pas disposée à se faire soigner, il n'y a rien à faire, m'avait confié un médecin, une fois où elle avait été hospitalisée suite à une intoxication.

En outre, je l'ai bien constaté au fil du temps, les interventions forcées rendaient le problème encore plus important par la suite, car Vivianne consommait encore plus et nos souffrances en étaient amplifiées. De plus, il y avait toujours ce maudit espoir que je continuais de réchauffer dans mon sein. Un espoir illusoire qui était totalement anéanti chaque fois que la réalité refaisait surface.

Cette rencontre traumatisante fut détermi-nante pour moi. Je l'ai vécue debout, là, fascinée devant le spectacle épouvantable et insupportable de sa présence inhumaine. Dans ma tête se déroulaient les belles séquences du film de notre vie. Comme j'aurais voulu qu'elle voie elle aussi ces scènes où nous nous entendions si bien, qu'elle se réveille enfin et sorte de la torpeur qui allait finir par la tuer.

Pendant ces pénibles minutes, je l'ai revue bébé, tout heureuse, avec son éternelle sucette à laquelle elle avait tenu comme à un trésor jusqu'à l'âge de trois ans. J'ai revu son enfance, sa joie de vivre, nos fous rires lorsque nous jouions, lorsque nous nous aimions. J'ai revécu nos voyages, notre belle vie d'antan. Je nous revoyais dans un parc, dans un autre pays, devant le foyer ou dans un lit douillet, en pyjama, à nous raconter des contes et des histoires. C'était comme si une gentille fée avait tourné les pages d'un album où ces moments uniques auraient été consignés; en même temps, de l'autre côté de la clôture, un démon, la fourche enflammée dans les airs, avec un rire venu tout droit de l'enfer, me montrait où elle en était dans sa déchéance. Vivianne les voyait-elle aussi, ces beaux instants qui avaient laissé une marque heureuse sur son passé?

Avant de quitter cet atroce endroit, je me suis avancée vers elle. Tendrement et comme lorsque je la bordais dans son lit de princesse, j'ai déposé un baiser sur son front et caressé assez longuement ses cheveux empuantis. C'était la dernière fois que je la touchais, je le savais; ma prémonition était trop puissante.

Complètement sonnée et perdue dans les vapeurs de la drogue, elle a grogné et retourné lentement sa tête, en faisant appel à tout ce qu'il lui restait d'énergie. Elle venait visiblement de s'injecter un poison dans les veines. J'aurais tout fait pour la ramener. Elle allait inévitablement finir par en mourir. J'avais tout essayé. Il me fallait me résigner, la laisser là, l'abandonner comme une bête. Il me fallait partir sans me retourner.

C'est là que j'ai tourné le dos à ma fille et que j'ai rompu définitivement avec elle, pour le reste de sa vie, du moins. Bien sûr, j'aurais pu téléphoner pour qu'on vienne la chercher. J'aurais pu argumenter davantage. J'aurais pu revivre d'autres moments d'espoir en m'imaginant que Vivianne allait enfin réaliser son état, mais je l'avais fait trop souvent. De toute façon, elle ne voulait pas guérir…

Pourtant, quand je repense aux pas qui m'ont guidée hors de sa vue, je me souviens qu'il y avait encore au fond de moi une lueur d'espoir, même si c'est tout à fait impossible à concevoir.

Très honnêtement, devant son corps endormi à jamais dans son cercueil, les mains sereinement croisées sur sa poitrine, je n'avais plus envie de pleurer. Je ne peux exprimer à quel point cet enfant m'avait débâti. Sa mort était carrément une délivrance pour moi, ma femme et mes trois autres enfants.

M. B., un père

Chapitre 19

J'avais tourné la page. J'avais, comme me le conseillaient tous les thérapeutes, lâché prise, du moins pour une certaine période de temps, car, je le sais aujourd'hui, il est impossible de véritablement quitter toute inquiétude, dans une telle situation. Mais ce que Vivianne vivait ne m'obsédait plus des journées entières. La façon dont je me sentais et surtout mon état physique qui s'améliorait me confirmaient que j'avais pratiquement décroché. Même s'il y avait toujours des pensées sinistres qui traversaient mon esprit, les jours coulaient plus doucement et, quand je pensais à Vivianne, je tentais de développer des trucs pour que mon esprit bifurque vers quelque chose de plus positif. J'avais choisi de guérir. J'avais voté pour moi.

Les jours de pluie, quand la solitude était trop lourde à porter et que le cafard semblait vouloir prendre le dessus, j'écrivais parfois des messages ou des poèmes à Vivianne. J'avais composé pour elle une lettre que je lui aurais remise le jour où elle m'aurait annoncé qu'elle était enceinte. Je me projetais dans le rôle de grand-mère. J'étais devenue bien seule.

Vivianne,

Un jour, tu seras mère et tu cesseras naturellement tes cris pour ne pas faire peur à ton enfant.

Tu t'exprimeras comme une reine pour lui donner le bon exemple, tu mangeras et boiras sainement avec lui.

Tu lui feras entendre les ronrons de ton chat et tu cesseras à tout jamais de mentir pour ne pas le corrompre.

Tu lui parleras tout doucement, tu lui raconteras de belles histoires dont tu changeras le cours au besoin pour ne pas lui faire de peine.

Tu lui souriras sincèrement pour être vraie avec lui.

Oui, un jour, Vivianne, tu seras mère et tout l'amour que tu pensais avoir pour certaines gens ne voudra plus rien dire.

Tu auras cru longtemps que tu as aimé ces hommes, mais tu sauras soudain qu'il n'en est rien. Près de ton enfant, tu comprendras vraiment le sens du verbe aimer.

La drogue, l'alcool, le mensonge, les folies… Partis!

Les nuits blanches seront pour lui, pour le bercer tendrement, pour qu'il dorme paisiblement. Tu voudras soulager son mal.

Tu aimeras, tu deviendras femme, humaine, surtout. Et tu comprendras tant de choses, tant de choses, Vivianne!

Aussi, peut-être que ce jour-là tu songeras enfin à t'aimer et à murer dans un passé révolu les drogues qui constituent aujourd'hui le cœur de ta vie.

J'écrivais et je méditais. Dans mes promenades, je ne marchais plus comme jadis vers les endroits où je risquais de la rencontrer. Je ne provoquais plus rien, ne forçais plus la vie. Sans doute avais-je acquis une force et une maturité qui étaient nécessaires à ma survie.

Pendant une année sabbatique où j'ai sillonné différents pays comme un pèlerin, ce sont les voyages qui m'ont véritablement apaisée et peut-être permis de m'extraire de l'océan de peine qui stagnait dans mon âme. À côtoyer les humains du monde, je retrouvais ma sérénité. Avant de partir, je dessinais chaque fois une image dans ma tête. Je m'imaginais avec un sac rempli de tristesse et de mauvais souvenirs et, comme je l'aurais fait des cendres d'une personne aimée, j'allais disperser ma misère sur toute la surface de la planète pour diluer le contenu de ce sac et en répartir le potentiel négatif sur une grande surface.

Chaque fois que je me retrouvais sur le bord d'un océan ou d'une mer, je recueillais un peu de sable que je mélangeais dans un vase à celui que j'avais ramassé un peu partout sur la terre. Ce mélange devenu homogène qui symbolisait ma peine, je m'en délestais ici et là, sur tous les continents, un peu partout, mais surtout lorsque j'étais témoin de scènes de bonheur, comme des mariages ou des fêtes de village.

J'ai voyagé à m'en épuiser, à remplir de souvenirs mille humains. J'ai caressé des tigres, gravi des monts, suivi des sentiers, goûté des mets parfumés avec les épices les plus rares. J'ai prié avec des musulmans, des bouddhistes et des moines. J'ai cueilli les fleurs les plus exotiques. J'ai écouté les musiques les plus enchanteresses et pleuré un peu partout en pensant à ma fille qui traînait sa carcasse quelque part sur la terre.

Je vais bientôt fêter mes soixante-dix ans. La dernière fois que j'ai eu des nouvelles de mon fils, j'avais quarante ans et lui vingt. C'est long, une vie comme ça, c'est toute une croix à porter, pour une mère. Qu'est-ce que je ne donnerais pas pour simplement savoir ce qu'il est devenu!

V. T., une maman

Épilogue

La fin de ces voyages me ramenait chez moi le cœur et surtout l'esprit libérés. Je revenais toujours plus sereine.

Un automne, à mon retour après une quinzaine de jours de cavale, une mauvaise odeur me sauta au nez. C'était une odeur qui m'était inconnue et qui flottait comme un mauvais présage dans toutes les pièces de la maison. J'avais beau fouiller partout, dans les armoires, la laveuse, les poubelles ou le réfrigérateur, je ne trouvais rien qui puisse expliquer ces miasmes. Pendant de longues minutes, j'entrepris d'ouvrir les fenêtres, aérai les pièces et fouillai encore.

Ce que je redoutais depuis la seconde de mon arrivée était bien réel. En ouvrant une porte, celle de la chambre où je n'allais plus, je trouvai le corps de Vivianne. Elle était étendue sur le lit et sans doute morte depuis plusieurs jours. Elle était entrée par une fenêtre dont la manivelle était cassée.

Sans m'imposer davantage cette scène macabre qui venait couronner des années aussi noires que son corps, je descendis calmement à la cuisine pour téléphoner aux policiers. Tout s'est passé rapidement. Je ne pleurais pas. Je répondais aux questions comme un robot l'aurait fait, les yeux dans le vide.

Des ambulanciers ont descendu le corps, recouvert du drap blanc de la mort. Juste avant de partir, un policier qui soupçonnait un suicide par empoisonnement me remit deux objets que Vivianne tenait sans doute dans ses mains au moment de sa mort. Il s'agissait du petit peigne rouge que son ami William lui avait offert et d'un bout de papier sur lequel ces trois mots étaient maladroitement notés : *Pardonne-moi, maman!*

Remerciements

Merci à Nathalie Potvin, ma jumelle. Elle a lu cent fois mon livre. Merci à ma mère, Vivianne Thibeault, qui m'a prêté son prénom. Merci à mon frère Claude qui a lu et commenté le roman.

Merci à mes élèves :

Dominic Bérubé, Karol-Ann Côté, Stacy Boulianne, Alice Blanchette, Tanya Larouche, Pierre-Olivier Francœur, Roxanne Gauthier, Marie-Gabrielle Thibeault, Andréanne Bouchard Fortin, Dave St-Pierre, Katherine Turcotte, Alexandra Gibson, Roxanne Savard, Samuel Villeneuve, Ysabel Thibeault, Marie-Soleil Simard, Francis Paradis, Mathieu Simard, Francis Mailhot, Frédérik Martel, Laurie Bouchard, Chloé Cinq-Mars, Katherine Turcotte et Alexandra Gibson.

Merci à ces lecteurs et amis :

Sonia Grenon, Claudia Bilodeau, Élian Francœur, Sonia Girard, Louis Arcand, Manon Lepage, Denise Métivier, Johanne Langlais, Karine Fortin, Janick Saucier, Stéphane Gagnon, Marianne Tremblay, Nadia Potvin, Sylvie Vaillancourt, Manon Martel, Louise Lavoie, Louise Maltais, Monique Drapeau, Caroll Guay, Sylvie Cloutier, Marie-Berthe Gaudreault, Colette Gaudreault, Josée

Leblanc, Anny Bonneau, Laura Levesque, Marie-Paule McInnis, France Potvin et Anita Pedneault.

Merci surtout à tous ces parents qui ont bien voulu me raconter leur triste histoire.

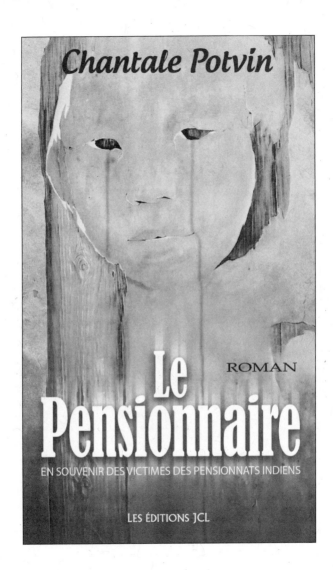

Chantale Potvin

ROMAN

Le Pensionnaire

EN SOUVENIR DES VICTIMES DES PENSIONNATS INDIENS

LES ÉDITIONS JCL

188 pages; 14,95 $

DISTRIBUTEURS EXCLUSIFS

Distributeur pour le Canada et les États-Unis
LES MESSAGERIES ADP
MONTRÉAL (Canada)
Téléphone : (450) 640-1234 ou 1 800 771-3022
Télécopieur : (450) 640-1251 ou 1 800 603-0433
www.messageries-adp.com

Distributeur pour la France et autres pays européens
DISTRIBUTION DU NOUVEAU MONDE (DNM)
PARIS (France)
Téléphone : 01 43 54 49 02
Télécopieur : 01 43 54 39 15
Courriel : libraires@librairieduquebec.fr

Distributeur pour la Suisse
(À l'usage exclusif des libraires)
SERVIDIS / TRANSAT
GENÈVE (Suisse)
Téléphone : 022/342 77 40
Télécopieur : 022/343 46 46
Courriel : transat-diff@slatkine.com

◆◆◆

Dépôts légaux
Bibliothèque nationale du Canada
Bibliothèque et Archives nationales du Québec, 2011
Imprimé au Canada

◆◆◆